W0290578

Kreatives und künstlerisches Gestalten in Freizeit und Beruf –
dafür steht der Name CHRISTOPHORUS seit mehr als 30 Jahren.
Jedes CHRISTOPHORUS-BUCH ist mit viel Sorgfalt erarbeitet:
Damit Sie Spaß und Erfolg beim Gestalten haben –
und Freude an unverwechselbaren Ergebnissen.

Das Weihnachts-Bastelbuch für kleine Hände

Erika Bock, Ernestine Fittkau,
Kathleen Lützner, Martha Steinmeyer

CHRISTOPHORUS

Inhalt

Bald ist Weihnachten

Die Tage werden kürzer und die Weihnachtszeit steht bevor. Da macht es Spaß, die Wohnung weihnachtlich zu schmücken und kleine Geschenke für liebe Freunde und Verwandte herzustellen. Bei so schönen Projekten wollen natürlich auch die Kinder mitmachen und ihrerseits Fensterschmuck, Baumanhänger und kleine Weihnachtsmänner oder Engelchen basteln. Aber sie möchten es möglichst selbstständig machen, vielleicht nur mit ein bisschen Unterstützung von uns Großen.
In diesem Buch finden Sie viele Ideen, die von Kindern selbst umgesetzt werden können. Alle Motive sind Schritt für Schritt leicht nachzubasteln, evtl. mit etwas Hilfe von Erwachsenen.

Nicht nur die vier Kerzen auf dem Adventskranz stimmen auf Weihnachten ein, sondern auch kleine Sternenlichter für den Tisch oder die Lebkuchenmänner mit Teelichtern. Kleine Wichtel wünschen ein Frohes Fest und eine Nikolaus-Tischlaterne erzeugt am Nikolaustag und zu Weihnachten eine festliche Atmosphäre.

Die Fenster werden geschmückt mit glänzenden Sternen oder mit Motivketten aus kleinen Engelchen und Tannenbäumen. An der Tür hängen witzige Zapfenmännchen. Auch der Baumschmuck wird schon vorbereitet. Aus Streichholzschachteln entsteht ein Weihnachtsmann mit Esel und Elch. Und mit der Prickelnadel werden die Umrisse eines Sterns oder eines Tannenbaumes herausgearbeitet.

Für den Weihnachtstisch hält ein witziger Elch die Plätzchen in einer Schale bereit, Schneemänner und Engel dienen dekorativ als Serviettenhalter und ein Weihnachtsmann mit glitzernden Sternen lässt Kinderaugen leuchten. Lustig sind Elch und Schneemann aus Fimo, die beide geradewegs aus dem dunklen kalten Wald zu kommen scheinen und deshalb immer noch ihre Mützen und Schals umhaben.

Über selbst gebastelte Geschenke von unseren Kindern freuen wir uns immer am meisten. Es muss auch gar nicht schwer sein: ein Glas wird mit Papier und Stickermotiven als Winterlandschaft beklebt oder ein Schneewichtel entsteht aus einer Wäscheklammer.

Lassen Sie sich von den Ideen inspirieren und entwickeln Sie sie gemeinsam mit Ihren Kindern weiter. Es muss nicht alles perfekt sein, Hauptsache, das Basteln macht Spaß und bringt Freude. Und wenn mal ein Material nicht zur Hand sein sollte, dann finden Sie bestimmt eine Lösung, die vielleicht sogar noch besser ist als die Vorlage.

Wir wünschen Ihnen und Ihren Kindern ganz viel Spaß beim Weihnachtsbasteln.

Ihre Autorinnen

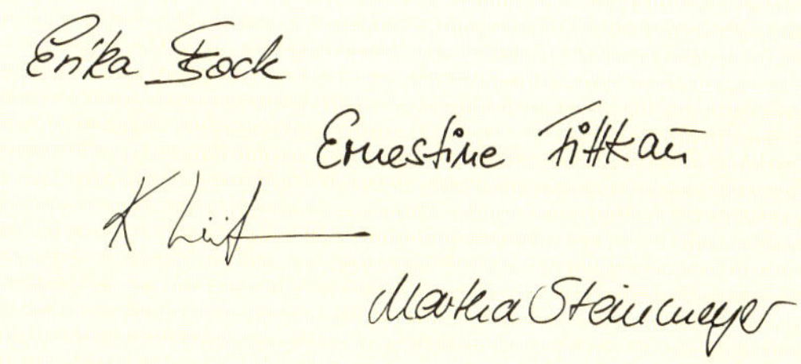

Material & Technik

Papier, Filz & Co.

Die meisten Objekte bestehen aus Papier. Für größere Motive am besten Fotokarton (300 g/qm) oder Wellpappe, für kleine Motive Tonpapier (220 g/qm) verwenden. Bastelkarton (220 g/qm) gibt es auch mit Motiven oder mit Prägedekor. Accessoires sind aus Bastelfilz, Aludraht, Prägefolie, Chenilledraht oder Bändern.

Vorlagen übertragen und Schablonen anfertigen

Die Vorlagen sind in Originalgröße abgebildet. Die Motivteile entweder direkt mit Kohlepapier auf das entsprechende Material pausen oder auf Transparentpapier übertragen. Dazu die Vorlagen mit einem weichen Bleistift auf dem transparenten Papier nachziehen, dann das Papier mit der bemalten Seite nach unten auf das Werkstück legen und die Konturen mit einem harten Bleistift nachfahren.

Wird das Motiv häufiger gebraucht, lohnt sich das Herstellen einer Schablone. Dazu das Transparentpapier samt Konturen mit einem Klebestift flächig auf dünnen Karton kleben und die Umrisse ausschneiden. Die Schablone auf dem Bastelpapier mit Bleistift, auf Filz mit Filzstift umfahren. Konturen auf dem Werkstück wegschneiden oder mit einem sauberen, weichen Radiergummi entfernen.

Schneiden

Für Kinder sind Bastelscheren mit abgerundeter Kante am sichersten, dabei das Papier beim Schneiden in der Hand drehen. Prickelnadeln, Zierrandscheren oder Motivlocher sind ebenfalls einfach zu handhaben. Innenausschnitte mit einem Cutter auf einer schnittfesten Unterlage von einem Erwachsenen durchführen lassen.

Kleben

Als Klebstoff eignet sich ein Alleskleber wie UHU Alleskleber. Nur wenig Klebstoff etwas vom Rand entfernt auftragen, damit er nicht hervorquillt. Überschüssiger Kleber lässt sich mit einem weichen Radiergummi entfernen, solange er feucht ist. Dünnes Papier mit Klebestift kleben. Drähte mit Klebefilm fixieren.

Gesichter gestalten

Augen und Mund am besten mit Filzstiften aufmalen, dabei dient die Vorlage als Orientierungshilfe. Mit rotem Buntstift Wangen andeuten und mit den Fingern leicht verreiben. Weiße Glanzpunkte mit einem Gelstift auf die Augen setzen.

Tischlichter

1. Alle Motivteile ausschneiden. Den inneren Kreis, in den das Teelicht eingesetzt werden soll, von einem Erwachsenen mit einem Cutter auf einer schnittfesten Unterlage sternförmig einschneiden lassen. Die Größe des Kreises vorher anhand des Teelichtes überprüfen, da nicht alle im Handel erhältlichen Teelichter gleich groß sind.

2. Damit sich die Zacken leichter nach hinten knicken lassen, den Kreis mit der geöffneten Scherenspitze leicht anritzen. Nun die Zacken nach hinten knicken und die Spitzen abschneiden. Das Teelicht einstecken.

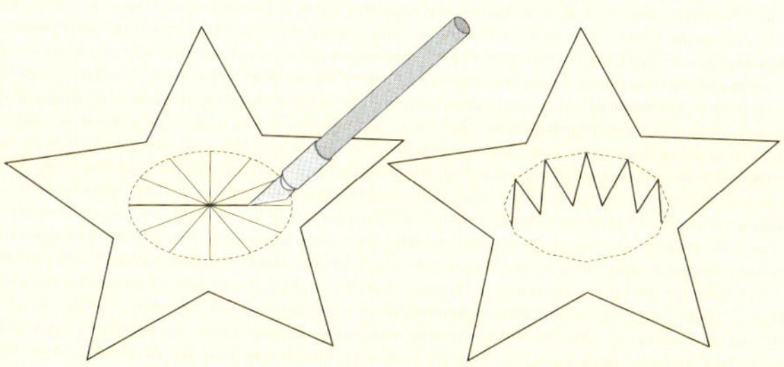

Halterung bei Lichterketten

Um das Motiv gut an den Lämpchen zu befestigen, einen 2 x 10 cm breiten Wellpappestreifen mit Klebefilm an die Kunststoffhalterung des Lämpchens kleben und fest aufwickeln. Das Ende mit Alleskleber festkleben und mit einem Gummiring in Position halten, bis der Kleber getrocknet ist. Nun kann das Motiv beidseitig mit Alleskleber fixiert werden.

Salzteig

250 g Mehl, 250 g Salz, 250 ml Wasser und 3 Esslöffel Kleisterpulver vermischen und einige Zeit ruhen lassen. Danach die Konsistenz überprüfen: Der Teig soll sehr fest, aber noch formbar sein. Zerbröckelt der Teig, etwas Wasser hinzufügen, verlaufen die Formen, Mehl hinzugeben.

Den Teig entweder über Tage auf der Heizung oder ein paar Stunden im Backofen bei 50 Grad Celsius trocknen lassen. Dann kann er bemalt werden.

Weihnachts-lichter

Kleiner Nikolaus

Material

- Geprägter Tonkarton in Weiß, Rot, Hellbraun, Rest in Grün
- 3 Tontöpfchen, 3,5 cm Ø
- Acrylmattfarben in Weiß, Orange, Rot
- Bast in Natur
- Erlenzäpfchen
- Schaschlikspieß
- Filzstift in Schwarz
- Buntstift in Rot
- Motivlocher:
  - „Kreis", 12 mm Ø
  - „Nikolaus", klein
  - „Tanne", klein
  - „Eiskristall", groß
- Zierrandschere
- Teelichter

Vorlage 1
Seiten 74, 75

1 Die Töpfe mit Acrylfarbe bemalen und nach dem Trocknen mit Stanzmotiven bekleben.

2 Die Topfränder mit Bast umwickeln und eine Schleife binden. Erlenzäpfchen ankleben oder einstecken.

3 Alle Teile der Nikolausfigur nach der Vorlage ausschneiden, der Abbildung entsprechend zusammenkleben und ausgestalten. Den Nikolaus mit der Klebepistole am Tontopf befestigen. Gestanzten Eiskristall an einen gekürzten Schaschlikspieß kleben und an der Figur fixieren.

Schneemänner

Material

- Geprägter Tonkarton in Weiß
- Reste von geprägtem Tonkarton in Gelb, Rot, Grün, Schwarz
- Motiv-Fotokarton mit Sternchen in Blau-Weiß
- Filzreste in Orange, Rot
- Bastreste in Natur
- Silberdraht
- Schaschlikspieß
- Filzstift in Schwarz
- Buntstift in Rot
- Motivlocher:
  - „Kreis“, 12 mm Ø
  - „Ilexblatt“, klein
  - „Herz“, groß, klein
- Teelichter

Vorlagen 2, 3
Seiten 74, 75

Bitte Tipps auf Seite 9 beachten!

1 Alle Teile nach Vorlage 2 und 3 ausschneiden. Die Gesichter gestalten: Wangen mit dem Buntstift aufmalen und verreiben. Mütze bzw. Hut anbringen, dabei Basthaare einkleben.

2 Für den Schneemann mit blauer Mütze Draht über einen Bleistift wickeln und auseinander ziehen. Stanzherzen am Drahtbogen fixieren und diesen mit Klebefilm an den Unterseiten der Hände festkleben. Die Schneemänner der Abbildung entsprechend weiter ausgestalten.

3 1 cm breite Schals aus Filz schneiden und umbinden. Teelichter einsetzen.

Sternengirlande

Abbildung und Materialangaben Seite 16/17

1 Die Sterne nach der Vorlage ausschneiden. Die Ausschnitte mit dem Cutter sauber ausführen und zur Seite legen.

2 Die Ausschnitte mit Transparentpapier hinterkleben. Jeweils zwei spiegelbildliche Sterne anfertigen und mit Halterungen aus Wellpappe an den Lämpchen befestigen (s. Seite 9). Sterne aus Tonkarton stanzen und auf die Motive kleben. Weitere Sternchen mit Klebefilm und Silberdraht anbringen.

3 Die herausgelösten Sternformen mit Stanzsternen aus Transparentpapier verzieren, je eine Holzklammer auf die Rückseite kleben und am Lichterkettenkabel befestigen.

Sternen-girlande

Material

- Geprägter Tonkarton in Gelb, Rot
- Tonpapierrest in Blau
- Motiv-Transparent-papier mit Sternchen in Weiß-Silber, Blau-Silber
- Silberdraht
- Kleine Holzwäsche-klammern
- Motivlocher „Stern“, groß
- Lichterkette

Vorlage 4
Seite 76

Anleitung Seite 14

Nikolaussäckchen

Material

- Motiv-Fotokarton mit Pünktchen in Rot-Weiß, Blau-Weiß, Grün-Weiß (auf der Rückseite unifarben)
- Motiv-Fotokartonrest mit Karos in Rot-Weiß
- Tonpapierrest in Orange
- Goldfaden
- Bast in Natur
- Silberdraht
- Reisig
- Metallglöckchen in Gold
- Mini-Holzwäscheklammer
- Motivlocher:
  - „Nikolaus", klein
  - „Tanne", klein
- Zierrandschere
- Teelichter

Vorlage 5
Seite 76

1 Die Motive nach der Vorlage ausschneiden, für Ausschnitte den Cutter oder eine kleine spitze Schere benutzen (s. auch Seite 9).

2 Jeweils eine Bastschleife um den Säckchenhals binden, eventuell ein Glöckchen auffädeln. Reisig mit Draht zusammenbinden und aufkleben.

3 Die Säckchen der Abbildung entsprechend mit Stanzmotiven, Geschenkpäckchen, Flicken oder Stiefelchen dekorieren. Teelichter einsetzen.

Nikolaus

Material

- Fotokarton in Weiß, Beige, Dunkelgrün
- Fotokarton mit Prägedekor in Rot
- Regenbogen-Transparentpapier mit Sternchen
- Holzperle in Rot, 5 mm Ø
- Ovale Käseschachtel, ca. 9 x 11 cm
- Konturenschere
- Kleiner Seitenschneider

Vorlage 6
Seite 77

Für die Nase evtl. die Holzperlen halbieren: Eine Spitze des Seitenschneiders in die Bohrung der Holzperle stecken und das Werkzeug vorsichtig zusammendrücken.

1 Alle Teile für den Nikolaus nach den Vorlagen übertragen und ausschneiden. Jeweils Kopf, Schnurbart, die obere Gesichtskontur und die Quaste mit der Konturenschere nachschneiden.

2 Den Bart auf die Mütze kleben und das Gesicht fixieren. Mund und Augen aufmalen. Schnurbart und eine Perle als Nase fixieren, diese eventuell halbieren (s. Tipp).

3 Die Käseschachtel mit 13 cm breitem Transparentpapier umkleben. Zur Stabilisierung einen 2 cm breiten Fotokartonstreifen innen am oberen Rand einkleben. Den Nikolaus befestigen.

Lebkuchenfiguren

Material

- Salzteig
- Fester Karton oder Pappe
- Tonpapier in Weiß, Rot
- Dekoband in Rot, 3 mm breit
- Teelichter
- Puppenkerzen
- Wasserfarbe
- Pinsel
- Lackstift in Weiß
- Filzstifte in Rot, Braun, Schwarz
- Doppelseitiges Klebeband

Vorlagen 7 – 9
Seite 77

1 Nach der Anleitung auf Seite 9 einen Salzteig herstellen und etwas ruhen lassen. Nach der Vorlage 7 die Lebkuchenfiguren auf festen Karton übertragen und ausschneiden.

2 Den Salzteig auswellen, Vorlage auflegen und die Lebkuchenfiguren mit einem Küchenmesser ausschneiden. Lebkuchenfiguren, die Kerzen oder das „Merry Christmas"-Schild halten sollen, mithilfe einer Stricknadel Löcher in die Arme bohren. Trocknen lassen.

3 Die Figuren mit brauner Wasserfarbe bemalen, Verzierungen und Gesichter mit Lack- und Filzstiften auftragen. Rotes Dekoband mit doppelseitigem Klebeband um die Teelichter wickeln. Um den Hals der Figuren eine rote Schleife binden.

4 Sollen die Lebkuchenfiguren als Tischkarte oder als kleiner Weihnachtsgruß dienen, die Vorlagen 8 und 9 jeweils auf rotes und weißes Tonpapier übertragen und eventuell mit der Motivschere zuschneiden. Den Schriftzug auf weißes Papier kopieren.

5 Das „Merry Christmas"-Schild lochen und mit Dekoband festbinden. Die Tischkarte aus Salzteig mit zwei Puppenkerzen bestücken, den Namen auf die runde Vorlage schreiben und aufkleben.

Mira
Merry Christmas

Sternen-Tischlichter

Material

- Fotokarton in Gelb
- Tonpapier in Braun
- Alu-Bastelfolie mit Sternchen in Rot
- Motivlocher „Herz", klein
- Silhouetten-Motivlocher „Lebkuchenmann"
- Teelichter
- Schokoladenkugel

Vorlagen 10 - 12
Seite 78

1 Die Sternformen nach den Vorlagen auf Fotokarton und Bastelfolie übertragen und ausschneiden. Die Innenausschnitte mit dem Cutter sternförmig einschneiden. Die Zacken nach innen knicken und die Spitzen etwas kürzen. Teelicht bzw. Schokokugel einpassen.

2 Den Stern aus Bastelfolie versetzt oder Spitze auf Spitze unter den gelben Stern kleben.

3 Lebkuchenmännchen und Herzchen ausstanzen. Die Umrisse der Lebkuchenmännchen mit weißem Gelstift nachzeichnen. Die Motive der Abbildung entsprechend auf die Sterne kleben.

Weihnachtswichtel

Material

- Cansonkarton in Mittelbraun
- Bastelkarton in Rot, Grün mit Muster
- Tonpapier in Silber, Gold
- Hologrammfolie in Silber, Gold
- Feenhaar in Natur hell
- Filz in Hellorange, Orange, Rot
- Motivlocher:
  - „Tanne", groß
  - „Kreis", klein
  - „Eiskristall", klein
  - „Tanne", klein
- Goldfaden
- Teelicht
- Teelichthülse
- Tannenzweig
- Nüsse
- Zierrandschere
- Zackenschere

Vorlage 13
Seite 79

1 Alle Teile nach der Vorlage ausschneiden. Den Körper der Wichtel jeweils leicht an der „Faltstelle" zusammenbiegen, damit der Wichtel stehen kann. Dann den Körper an der rechten offenen Seitenkante so zusammenkleben, dass die Lasche frei bleibt. Ebenso muss der obere Teil für die Arme offen bleiben.

2 Mit dem kleinen Kreis-Motivlocher jeweils zwei Kreise ausstanzen und diese als Hände hinter den Armen fixieren. Die Arme von innen an den Körper kleben.

3 Das Gesicht wie auf der Abbildung ausgestalten, das Feenhaar anbringen und die Mütze aufkleben. Den Kopf auf dem Körper fixieren. Die Wichtel mit Stanzmotiven und Tannenzweig verzieren.

4 Für das Nusskörbchen die Hologrammfolie zur Hälfte gegengleich zusammenkleben, dabei den unteren Teil, der später um das Teelicht geklebt wird, aussparen. Die Zacken ausschneiden und die Sternecken umbiegen. Dann die Schutzfolie vom unteren Teil abziehen und das Sternenband um die leere Teelichthülse kleben.

5 Für das Teelicht einen Streifen Hologrammfolie mit der Zierrandschere passend ausschneiden, die Schutzfolie abziehen und den Streifen um das Teelicht kleben. Zum Schluss das Körbchen und das Teelicht an die Lasche der Wichtel kleben.

FROHES FEST

Wir schmücken den Tisch

Elch im Tannenwald

Material

- Geprägter Tonkarton in Weiß, Hell- und Dunkelgrün, Rotbraun, Dunkelbraun
- Rest von Bastelkarton „Sterne" in Rot-Gold
- Pompon in Schwarz, 10 mm Ø
- Motivlocher „Nikolaus", klein
- Golddraht, 0,3 mm Ø
- Messingglöckchen

Vorlagen 14 – 16
Seite 80

1. Alle Teile nach den Vorlagen ausschneiden. Den Plätzchenbehälter an den angegebenen Stellen einschneiden, falzen, falten und zusammenkleben.

2. Den Schnee auf die Tannen kleben, diese wie auf der Vorlage eingezeichnet einschneiden und auf den Rand des Plätzchenbehälters stecken. Die Außenwände mit ausgestanzten Nikolausmotiven verzieren.

3. Das Gesicht des Elchs ausgestalten und das Geweih an die Kopfrückseite kleben. Glöckchen an Golddraht befestigen und über das Geweih hängen.

4. Schal und Tasche auf den Körper kleben und den Kopf fixieren. Den Elch am Behälterrand festkleben.

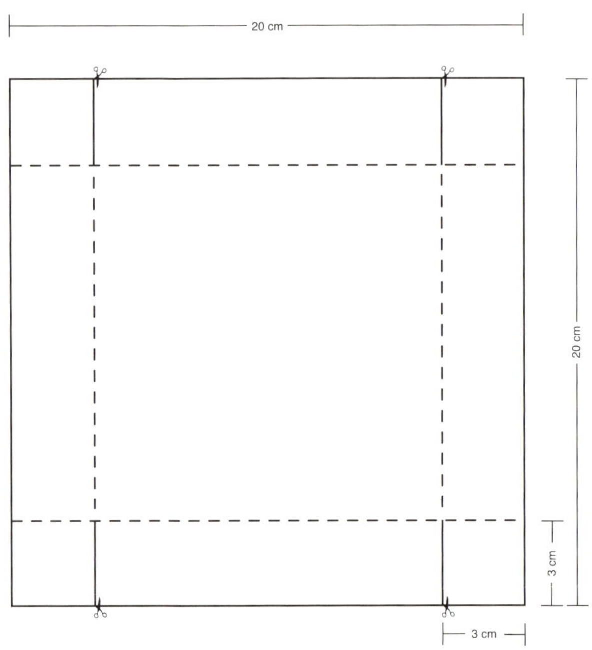

Engel

Material

- Alu-Wellpappe in Gold
- Rest von Fotokarton in Beige, Rot
- Motiv-Fotokarton mit Sternchen in Rot, Grün
- Wollreste in Beige
- Teelichthalter für Laternen aus Metall, 40 mm Ø
- Messingdraht
- Serviette in Rot
- Teelicht in Rot
- Klebekissen

Vorlagen 17 – 19
Seiten 81, 82

Engel zum Aufstellen

1 Gesichter und Kleider nach der Vorlage aus Fotokarton schneiden. Die Flügel auf die glatte Seite der Wellpappe übertragen und ausschneiden.

2 Die Kleider falten. Die Flügel einschneiden und jeweils die Spitze des Kleides in den Einschnitt stecken.

3 Die Gesichter ausgestalten und auf die Kopfformen an den Flügeln kleben. Wollfäden bündeln, in der Mitte mit Draht abbinden und als Haare fixieren.

4 Die Engel beim Aufstellen durch Biegen ausbalancieren. Tipp: Die Standfläche beschweren.

Serviettenengel

Nach der Vorlage Flügel und Kopf ausschneiden. Die Serviette falten und in den Einschnitt der Flügel stecken. Den Kopf ausarbeiten und aufkleben.

Tischlicht

1 Mit dem Cutter Schlitze für die Stege des Teelichthalters in den Wellpappe-Stern einschneiden. Die Metallstege einstecken und auf der Sternunterseite umbiegen.

2 Den Stern aus Fotokarton mit Klebekissen versetzt darunter kleben. Das Teelicht einsetzen.

Niko mit Sternen

Material

- Geprägter Tonkarton in Weiß, Rot, Grün, Schwarz
- Metallfolie in Silber
- Pompons in Schwarz, 10 mm Ø
- Aludraht, 2 mm Ø
- Motivlocher „Stern", groß
- Zahnstocher als Prägestift

Vorlage 20
Seite 83

1 Alle Teile für den Nikolaus sowie den Baum aus Tonkarton ausschneiden, dabei den Mantel oben falten und doppelt nehmen, damit der Nikolaus stehen kann.

2 Die Mütze an die Rückseite des Mantels, Bart und Kopf auf die Vorderseite kleben. Hand und Arm je von hinten an den Saum des Ärmels kleben, dann die Arme von innen am Mantel fixieren. Den Tannenbaum vorne unter dem Mantelsaum festkleben. Das Gesicht nach der Abbildung ausarbeiten.

3 Zwei Sterne aus Metallfolie ausschneiden oder stanzen. Mit einem Zahnstocher von hinten Muster in die Sterne prägen. Die Hand und den vorderen Mantel an den angegebenen Stellen einschneiden und die Sterne hineinstecken.

4 Aludraht mit den Fingern an einem Ende zur Spirale biegen und den Stab hinter der Hand fixieren.

Eisbären

Material

- Geprägter Tonkarton in Creme, Blau
- Filz in Rot, Hellblau, Hellgrün
- Wackelaugen, 10 mm Ø
- Pompons in Weiß, Schwarz, 10 mm Ø
- Runde Spanschachtel, 170 mm Ø
- Zahnstocher
- Zierrandscheren
- Motivlocher „Stern", groß

Vorlage 21
Seite 84

1 Einen 60 cm langen und 4 cm breiten Streifen Tonkarton zuschneiden, an einer Längsseite mit der Zierrandschere nachschneiden und um die Spanschachtel kleben. Mit ausgestanzten Sternen verzieren.

2 Nach den Vorlagen die Eisbären aus Tonkarton, die Schals aus Filz ausschneiden. Die Ränder der Schals mit der Zackenschere nachschneiden.

3 Wackelaugen aufkleben. Den Mund mit Filzstift aufmalen und die Wangen mit rotem Buntstift andeuten. Die Schals umbinden und mit Pompons verzieren.

4 Zwei Eisbären innen an die Spanschachtel kleben. Beim Stecker einen Zahnstocher anbringen.

Schneemänner

Abbildung & Materialangaben Seite 38/39

1 Alle Teile nach den Vorlagen ausschneiden. Die Öffnung für die Serviette mit dem Cutter schneiden.

2 Die Schneemänner der Abbildung entsprechend ausgestalten.

3 Für den Besen Reisig um ein Bastelholz legen und fest mit Bast umwickeln; die Bastenden verknoten. Die Schaufel aus Metallfolie schneiden, oben um das Bastelholz biegen und festkleben. Besen und Schaufel an den Handschuhen der Schneemänner festkleben.

Schnee-männer

Material

- Geprägter Tonkarton in Weiß, Orange
- Bastelkarton „Sterne" in Rot-Gold, Blau-Weiß
- Pompons
  - in Rot, 20 mm Ø
  - in Schwarz, 10 mm Ø
- Bastelhölzer in Gelb, Rot, 4 mm Ø
- Feines Reisig
- Bast in Natur
- Metallfolie in Silber
- Blechschere

Vorlage 22
Seite 85

Anleitung Seite 36

Nikolaus & Elch

Material

Elch
- Modelliermasse, z. B. je 1 Päckchen Fimo soft in Hell- und Dunkelbraun
- Filz in Rot, Weiß
- Chenilledraht in Grün
- Pompon in Schwarz 10 mm Ø
- Bastelhölzer in Grün
- Motivlocher „Tanne"

Nikolaus
- Modelliermasse, z. B. 1 Päckchen Fimo soft in Weiß, 2 Päckchen in Rot
- Filz in Grün
- Chenilledraht in Weiß
- Pompons in Schwarz 10 mm Ø
- Strickschlauch in Rot
- Bastelhölzer in Rot

Für beide
- Zahnstocher als Modellierholz
- Je 2 Glasstecknadeln in Schwarz
- Aludraht, 2 mm Ø

Für den Körper des **Elches** einen Kegel, für die Arme zwei Rollen und für die Füße zwei Kugeln aus dunkelbrauner Modelliermasse formen.
Den Kopf aus einer dicken Rolle und einer hinten aufgesetzten Kugel modellieren, die Übergänge glatt streichen. Gekürzte Glasstecknadeln als Augen einstecken.
Für das Geweih eine Rolle zu einem Halbkreis formen. An der Rückseite Aludraht zur Stabilisierung eindrücken und die Nahtstellen glätten. Kurze Geweihäste fest andrücken.
Das Geweih mit dem Kopf und den Kopf mit dem Körper jeweils durch ein Stück Aludraht verbinden. Die Ohren formen und andrücken. Arme und Füße mit Chenilledraht verzieren.
Nach dem Backen den Pompon als Nase und einen Schal aus Filz anbringen. Brauen und Mund mit Filzstift aufmalen.

Für den Körper der **Nikolausfigur** einen Kegel, für die Arme zwei Rollen und für die Schuhe zwei größere Kugeln aus roter Modelliermasse formen. Der Kopf entsteht aus einer großen weißen, die Nase aus einer kleinen roten Kugel. Zwei kleinere weiße Kugeln für die Hände formen.
Kopf und Körper mit Aludraht verbinden. Arme und Hände fest an den Körper drücken und alle Ansatzstellen glatt streichen. Zwei Bastelhölzer als Beine in den unteren Teil des Körpers drücken, das andere Ende in die roten Schuhe stecken.
Körper, Arme und Schuhe mit weißem Chenilledraht verzieren, die Enden des Drahtes leicht zusammendrücken. Die Nase und den Bart aus Chenilledraht anbringen, die Drahtenden in den Kopf drücken. Gekürzte Glasstecknadeln als Augen einstecken.
Den Nikolaus leicht auf die Tischplatte klopfen, damit er einen sicheren Stand bekommt. Die Mütze aus Strickschlauch nach dem Backen aufsetzen. Die Mützenspitze mit Chenilledraht abbinden, den Schal umlegen und die Pompons als Knöpfe aufkleben.

Achtung!
Das Backen sollte unbedingt von einem Erwachsenen übernommen werden. Bitte genau die Herstellerhinweise lesen und beachten!

Kleine Eisbären

Material

- Reste von Fotokarton in Weiß, Rot, Grün
- Chenilledraht in Weiß
- Zahnstocher
- Holzwäscheklammer, 7 cm
- Motivlocher:
  - „Stern", groß
  - „Tannenbaum", klein
- Pfeffernüsse, große Zimtsterne
- Klebefilm

Vorlagen 23, 24
Seite 86

1. Die Bärenköpfe nach der Vorlage ausschneiden und die Gesichter aufmalen.

2. Für jeden Stecker zwei Pfeffernüsse an den flachen Seiten aufeinander legen und einen Zahnstocher hineinstecken. 12 cm langen Chenilledraht als Arme um den Zahnstocher wickeln, die Enden zu Händen biegen. Den Kopf mit Klebefilm fixieren.

3. Das Herz des Serviettenhalters ausgestalten und die Wäscheklammer auf die Rückseite kleben. Das Bärengesicht und die Chenilledrahtarme anbringen.

FROHES
FEST

Für Fenster, Tür & Baum

Zapfenkerle

Material

- Kiefernzapfen
- Styroporkugel, 6 cm Ø
- 2 Plastikhalbperlen in Schwarz, 4 mm Ø
- Filz in Rot, Hellblau
- Geschenkband, kariert, in Weiß-Rot, Blautönen, 1,5 cm breit, 20 cm lang
- Geschenkband in Weiß, 3 mm breit
- Biegeplüsch in Rot, Weiß, 20 cm lang
- Papierdraht in Rot, Weiß, 10 cm lang
- 2 Perlen in Weiß, Blau, 1,5 cm Ø
- Pompon in Rot, 7 mm Ø
- Watterest in Weiß
- Tonkartonreste in Weiß, Rot
- Kreide in Orange
- Knetmasse in Orange
- Zahnstocher

Vorlage 25
Seite 86

1 Das Nikolausgesicht einfärben. Dazu Farbpartikel von der Kreide abschaben und mit der Fingerkuppe auf einer Kugelhälfte auftragen. Für Nikoalus und Schneemann aus Filz je ein 20 cm x 10 cm großes Rechteck schneiden. Den Filz jeweils um die Kugel kleben und auf dem Rücken zusammenkleben. Die Mützen oben mit weißem Geschenkband zusammenziehen.

2 Mit einem kleinen Abstand zum unteren Mützenrand das karierte Geschenkband um den Kopf kleben. Die schwarzen Halbperlen als Augen aufkleben, den Mund mit Filzstift malen. Beim Nikolaus Wattehaare unter die Mütze stecken und einen Pompon als Nase aufkleben. Für den Schneemann eine lange Nase aus Knetmasse formen und mit einem Zahnstocher in der Styroporkugel feststecken.

3 Den Steckdraht oben um den Tannenzapfen wickeln, die Enden verdrehen und nach oben stehen lassen. Den Biegeplüsch einmal um den Steckdraht wickeln und zwei Perlen festkleben. Das karierte Geschenkband verknoten und auf die Drähte stecken. Den Styroporkopf aufsetzen, festdrücken.

4 Stern und Schneekristall nach der Vorlage aus Tonkarton schneiden, ein Loch stanzen und mit Papierdraht zwischen den Perlenhänden fixieren. Den Draht über einem Zahnstocher spiralförmig aufrollen. Wer mag, kann den Schneemannzapfen mit Schneespray einsprühen.

Engelketten

Material

- Fotokarton in Beige
- Bastelkarton mit Sternchen in Weiß, Rot, Blau, Grün
- Lochkarton in Gold
- Perlgarn in Gelb, Rot, Blau, Grün
- Mohairwolle in Hellgelb
- Holzperlen in Natur, 4 mm Ø
- Nähgarn
- Stopfnadel

Vorlage 26
Seite 86

1 Engel und Tannenbäume vom Vorlagebogen übertragen und ausschneiden.

2 Beim Zusammenkleben der beiden Körperformen das Perlgarn für Arme und Beine mit einlegen. Die Flügel aus Lochkarton an der Rückseite fixieren. Das Gesicht ausgestalten. Wollfäden als Haare bündeln, mittig abbinden und fixieren. Den Kopf auf den Körper kleben.

3 Für die Aufhängung mit der Nadel Löcher an Engeln und Tannen stechen und die Motive mit Nähgarn verbinden.

Faltschnitt-Sterne

Material

- Transparentpapier in Gelb, Rot, Blau, 20 x 20 cm

Vorlage 27 – 29
Seite 87

Tipp

Bei dieser Technik kann sich jeder seinen ganz individuellen Stern ausschneiden, indem er das Papier von den gefalteten Seiten aus frei mit der Schere einschneidet. Es muss aber immer ein Papiersteg stehen bleiben, sonst fällt der Stern auseinander.

1. Ein 20 x 20 cm großes Quadrat aus Transparentpapier zuschneiden.

2. Das Blatt nach den Zeichnungen (siehe unten) entsprechend falten.

3. Damit die Sterne genauso aussehen wie auf dem Bild, werden sie mithilfe der Vorlagen ausgeschnitten: Dazu von den Vorlage eine Kartonschablone anfertigen (siehe Seite 8), diese auf das gefaltete Papier legen, die Umrisse nachzeichnen und die Form ausschneiden. Dabei wird für die Innenausschnitte ein Cutter benötigt und damit die Hilfe eines Erwachsenen.

4. Der rote und der gelbe Stern können aber auch nur mit der Schere ausgeschnitten werden. Dazu das Dreieck noch einmal falten (siehe gestrichelte Linie) und die Hälfte der Vorlage darauf übertragen. Nun können die Einschnitte von den Außenseiten leicht mit der Schere ausgeführt werden.

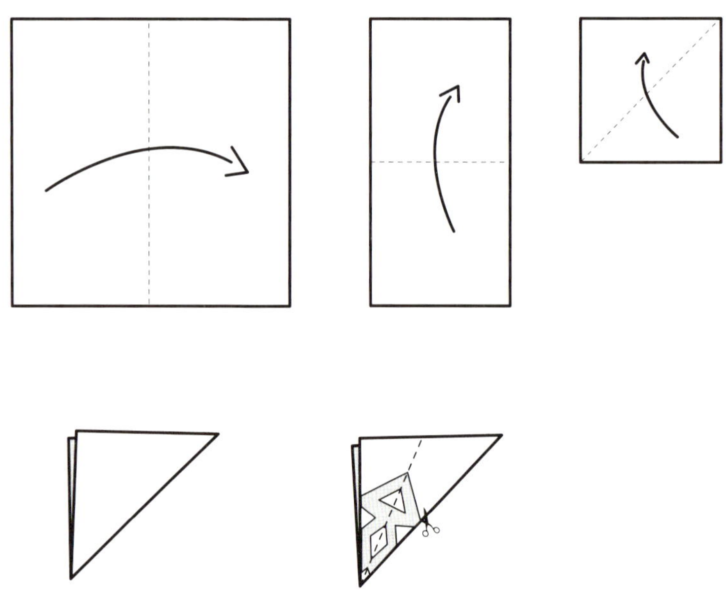

Baumschmuck

Material

- Fotokarton in Rot, Grün
- Holografiekarton in Gold
- Klebesternchen in Gold
- Dünne Goldkordel
- Holzperle in Rot, 6 mm Ø
- Watte oder Märchenwolle in Weiß
- Prickelnadel
- Weiche Unterlage, z. B. Zeitungen, Papierservietten
- Lochzange

Vorlagen 30 – 33
Seite 88

Anleitung Seite 56

Nikolaus mit Tieren

Material

- Streichholzschachteln
- Papier mit kleinen Mustern in Weiß-Rot
- Tonkarton in Rot, Schwarz
- Tonkartonrest in Weiß
- Perlen in Weiß, Rot, Schwarz, 1,5 cm Ø
- Filz, 4 mm dick, in Weiß, Hellbraun, Grau
- Papierdraht in Natur, Grau, 9 cm lang
- Plastikhalbkugeln in Schwarz, 4 mm Ø
- Pompon in Rot, 7 mm Ø
- Biegeplüschreste
- Motivlocher „Stern", klein
- Stickgarn
- Faden

Vorlagen 34, 35
Seite 89

Rentier und Eselchen

1 Für die Körper der Tiere Streichholzschachteln mit kleingemusterten Papieren bekleben. Nach Vorlage 34 die Köpfe in entsprechenden Farben aus Filz ausschneiden. Ohren und Geweih aus schwarzem Tonkarton arbeiten und von hinten an die Filzköpfe kleben. Je zwei Halbperlen als Augen, den Pompon als Schnauze aufkleben.

2 Die Tierköpfe auf den Schachteln fixieren. Beide Enden des Papierdrahts in einer Perle festkleben. Den Draht zu einem U biegen und in der „Schublade" der Streichholzschachtel mit Klebstoff fixieren. Aufhängefaden anbringen.

Nikolaus

1 Für den Körper zweimal die Vorlage 35 auf roten Tonkarton übertragen und ausschneiden. Eine Streichholzschachtel damit bekleben. Den Bart aus weißem Filz schneiden. Kleine schwarze Halbkugeln als Augen, einen Pompon als Nase aufkleben. Den Bart auf der Streichholzschachtel fixieren.

2 In zwei weiße und zwei schwarze Perlen jeweils 2 cm lange Stückchen Biegeplüsch einkleben. Überstehenden Biegeplüsch kreisförmig um die Perle legen und mit Klebstoff bestreichen. Die weißen Perlen seitlich als Hände, die schwarzen unten als Füße ankleben. Aus weißem Tonpapier Sternchen stanzen. Die Mütze oben zusammenkleben, Sternchen anbringen. Aufhängefaden durchziehen und weitere Sterne an den Faden kleben.

Schneeflocken

Material

- Alu-Bastelfolie mit Sternchenprägung in Silber, Gold, Rot, Blau
- Motivlocher „Eiskristall", groß, klein
- Bürolocher

Vorlagen 36 – 38
Seite 89

1 Die Sternhälften nach Vorlage 36 oder 37, die Innensterne nach Vorlage 38 ausschneiden.

2 Die Faltlinien mit einem Bleistift am Lineal entlang falzen und falten. Beide Sternteile aneinander kleben.

3 Gestanzte Eiskristalle oder Innensterne auf dem großen Stern fixieren. Aufhängefaden anbringen.

Baumschmuck

Abbildung und Materialangaben Seite 52/53

1 Die Anhänger von den Vorlagen auf Bastelkarton übertragen und die Außenkonturen ausschneiden.

2 Den Innenausschnitt jeweils mit der Prickelnadel ausarbeiten: Das Motiv auf eine weiche Unterlage legen, die Löcher mit der Nadel dicht auf die vorgezeichnete Linie stechen und den Innenausschnitt vorsichtig herausdrücken.

3 Die Anhänger ausgestalten. Loch mit der Lochzange stanzen und die Aufhängekordel anbringen.

Motivkette

Material

- Tonpapier oder gepräg-tes Tonpapier in Weiß, Rot
- Papier mit kleinen Mustern in Weiß-Rot
- Filz in Weiß, Rot, 4 mm dick
- Perlen in Weiß, Rot, 1 cm Ø
- Nadel
- Stickgarn

Vorlage 39
Seite 90

1 Die Motive nach der Vorlage auf doppelt gelegtes Papier übertragen und zweifach ausschneiden. Die Handschuhe oder Stiefel Rücken an Rücken zusammenkleben.

2 Aus Filz 1,5 cm breite Streifen schneiden: 8 cm lange für die Handschuhe, 10 cm für die Stiefelchen. Die Filzstreifen jeweils am oberen Motivrand ankleben.

3 Rotes Stickgarn in die Nadel einziehen. Das Stickgarn durch die weißen Filzränder ziehen und dadurch Fäustlinge und Stiefel zur Kette verbinden. Zwischen den Motiven jeweils eine oder zwei Perlen aufziehen.

Sterne in Rot-Grün

Material

- Alu-Bastelfolie mit Sternchenprägung in Rot, Grün
- Motivlocher „Stern", klein
- Faden zum Aufhängen

Vorlagen 40, 41
Seite 90

1 Die beiden Hälften eines Sterns nach der Vorlage ausschneiden.

2 Faltlinien mit spitzem Bleistift am Lineal entlang falzen. Bei Vorlage 41 die Innenausschnitte mit dem Cutter ausführen. Die Teile falten.

3 Die beiden Sternhälften an den markierten Klebestegen zusammenkleben.

4 Zierelemente in Kontrastfarbe ausschneiden, falten und aufkleben. Einen gestanzten Stern oder einen ausgeschnittenen Punkt auf die Mitte des Sterns kleben. Den Aufhängefaden anbringen.

Emily

Sahra

Das schenk ich dir!

Weihnachtsmänner

Material

- Nostalgie-Wäscheklammern, 9,5 cm
- Fotokarton in Gelb, Dunkelgrün
- Eventuell dünne Graupappe
- Märchenwolle in Weiß
- Holzperlen in Natur, 4 mm Ø
- Filz in Rot
- Chenilledraht in Rot
- Kontursticker mit Weihnachtsmotiven in Weiß
- Effektdraht in Rot
- Acrylfarbe in Rot, Schwarz
- Zahnstocher

Vorlagen 42, 43
Seite 91

1 Für die Geschenktasche Fotokarton von 17 x 17 cm nach Vorlage 56 falten, zusammenkleben und mit Konturenstickern verzieren.

2 Die Wäscheklammern mit Ausnahme der kugelförmigen Köpfe rot färben. Die Gesichter ausgestalten: Augen und Nasen mit Zahnstocherspitze auftupfen, Münder mit Filzstift aufmalen.

3 Nach Vorlage 43 Mützen aus Filz ausschneiden, tütenförmig zusammenkleben und auf den Köpfen fixieren. Bärte und Besätze aus Märchenwolle formen und ankleben.

4 Für die Arme 6 cm lange Chenilledrähte zuschneiden und an den Körperrückseiten fixieren. Kleine Holzperlen als Hände aufstecken.

5 Stickermotive auf gelben Fotokarton kleben, ihre Umrisse ausschneiden und mit Draht an den Händen der Weihnachtsmänner fixieren.

6 Den Weihnachtsmann auf die Geschenktasche stecken. Alternativ kann er als Geschenkanhänger oder Baumschmuck verwendet werden. Dann einen Aufhängefaden durch die Mützen ziehen.

Engel-Teddys

Material

- Fotokarton in Hellbraun, Reste in Gelb, Beige
- Alu-Bastelfolie mit Sternchen in Gold
- Chenilledraht in Hellbraun
- Holzperlen in Natur, 10 mm Ø
- Teelichthalter für Laternen aus Metall, 40 mm Ø
- Federn in Weiß
- Messingdraht
- Goldsternchen
- Teelicht
- Kleine Schokoladen

Vorlage 44
Seite 91

1 Teddybären und Engelsflügel nach der Vorlage ausschneiden. Die Gesichter ausgestalten.

2 Für die Arme 11 cm lange Chenilledrähte zuschneiden, für jedes Bein 3 cm lange Stücke. Arme und Beine an die Körperrückseite kleben, Holzperlen an die Enden stecken. Die Flügel fixieren und dabei einzelne Federn einkleben.

3 Beim Tischlicht die Metallstege des Halters durch Einschnitte im Körper des Teddys stecken und auf der Rückseite umbiegen. Die übrigen Teddys der Abbildung entsprechend mit kleinen Schokoladentafeln und Sternchen verzieren.

Emily

Süße Engelchen

Material

Weihnachts-bäumchen

- Bastelkarton in Grün mit Tannenbäumen, Schneeflocken, Schneemännern
- Reste von Tonpapier oder Bastelfolie
- Schmuckkordel, Bouillondraht, Twinkle-Girlande in Gold
- Wachsperlen in Rot, 8 mm Ø

Engel

- Bastelkarton mit Sternchen in Creme-Gold
- Reste von Fotokarton oder Tonpapier
- Holzkugeln in Natur, 20 mm Ø, halb gebohrt
- Holzperlen in Natur, 4 mm Ø
- Chenilledraht in Weiß
- Metallfasern in Gold
- Kugelförmige Pralinen in Goldfolie
- Zahnstocher
- Acrylfarben in Weiß, Rot, Schwarz
- Pinsel, Größe 0
- Schaschlikstab

Vorlagen 45, 46
Seiten 92, 93

Weihnachtsbäumchen

1 Die Grundform des Tannenbaumes auf den grünen Bastelkarton übertragen und ausschneiden.

2 Die Faltlinien falzen und falten. Den Tannenbaum nach der Skizze auf dem Vorlagebogen zusammenstecken.

3 Süßigkeiten oder eine andere kleine Überraschung in die Schachtel legen. Den Tannenbaum mit einer Schmuckkordel, Bouillondraht oder einer Girlande dekorativ umwickeln. Bei Verwendung von Draht rote Wachsperlen aufziehen.

Engel

1 Die Flügel von der Vorlage auf Sternchenkarton übertragen und ausschneiden.

2 Das Gesicht mit Acrylfarben auf die Holzkugel malen: Mit dem stumpfen Ende des Schaschlikstabes Punkte für die Augen auftupfen; Nase und Mund mit dem Pinsel aufmalen; Wangen leicht andeuten. Metallfasern bündeln und als Haare aufkleben.

3 10 cm langen Chenilledraht in der Mitte knicken und die Biegung in das Loch der Holzkugel stecken. Den Zahnstocher um die Hälfte kürzen, die stumpfe Seite mit etwas Klebstoff bestreichen und ebenfalls in die Bohrung der Holzkugel stecken. Beschriftetes Schild oder Herz auf die Arme stecken und Holzperlen als Hände fixieren.

4 Den Zahnstocher des Engels in die Praline stecken.

Für Dich
Frohes Fest
FÜR DICH
Frohes Fest

Schneewichtel

Material

- Bunte Filzreste
- Holzwäscheklammern, 7 cm
- Holzspatel, 11 cm
- Weidenzweige
- Bast in Natur
- Zahnstocher
- Messingdraht
- Halbierte Styroporkugeln, 30 mm Ø
- Acrylfarbe in Weiß

Vorlagen 47, 48
Seiten 92, 93

Tipp:
Beim Zusammenbinden können die schmalen Filzbänder leicht reißen. Für das Basteln mit Kindern eignen sich daher besser Stoffstreifen.

1 Wäscheklammern bzw. Spatel weiß grundieren und die Gesichter mit wasserfesten Filzstiften aufmalen.

2 Die Hüte nach der Vorlage aus Filz ausschneiden und aufkleben.

3 Für jeden Klammer-Schneewichtel einen schmalen Streifen aus Filz schneiden, durch die Öffnung der Klammerfeder führen und als Schal umbinden.

4 Beim Holzspatel-Schneewichtel einen Zweig als Arme ankleben und den Filzschal umbinden. Den Spatel in die Styroporhalbkugel stecken. Besen basteln und einstecken.

Windlichter

Abbildung und Materialangaben Seite 72/73

1 Das Transparentpapier in kleine Stücke reißen und mit Kleister auf das Glas kleben.

2 Motive aus blauem Transparentpapier und weißem Offsetpapier stanzen und auf die noch feuchte Oberfläche drücken. Alles dünn mit Kleister überstreichen, fest andrücken und trocknen lassen.

3 Mit dem Schwamm etwas weiße Farbe am unteren Rand der Gläser auftupfen.

Frohes Fest
Sahra

Windlichter

Material

- Glasbecher, ca. 75 mm Ø, 90 mm hoch
- Trinkglas, gerade Form
- Transparentpapier in Weiß, Blau
- Angerührter Tapetenkleister
- Acrylfarbe in Weiß, Blau
- Rest Schaumstoffschwamm
- Motivlocher:
  - „Stern“, klein
  - „Tannenbaum“
  - „Eiskristall“
- Silhouetten-Motivlocher:
  - „Schneemann“
  - „Eiskristall“

Anleitung Seite 70

Vorlagen

1

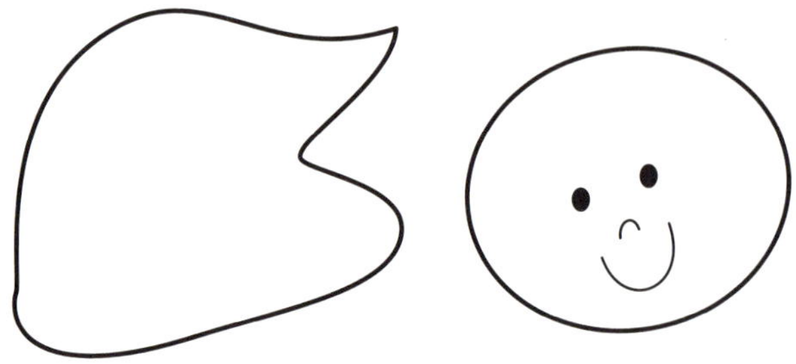

2

3
3x

4

5

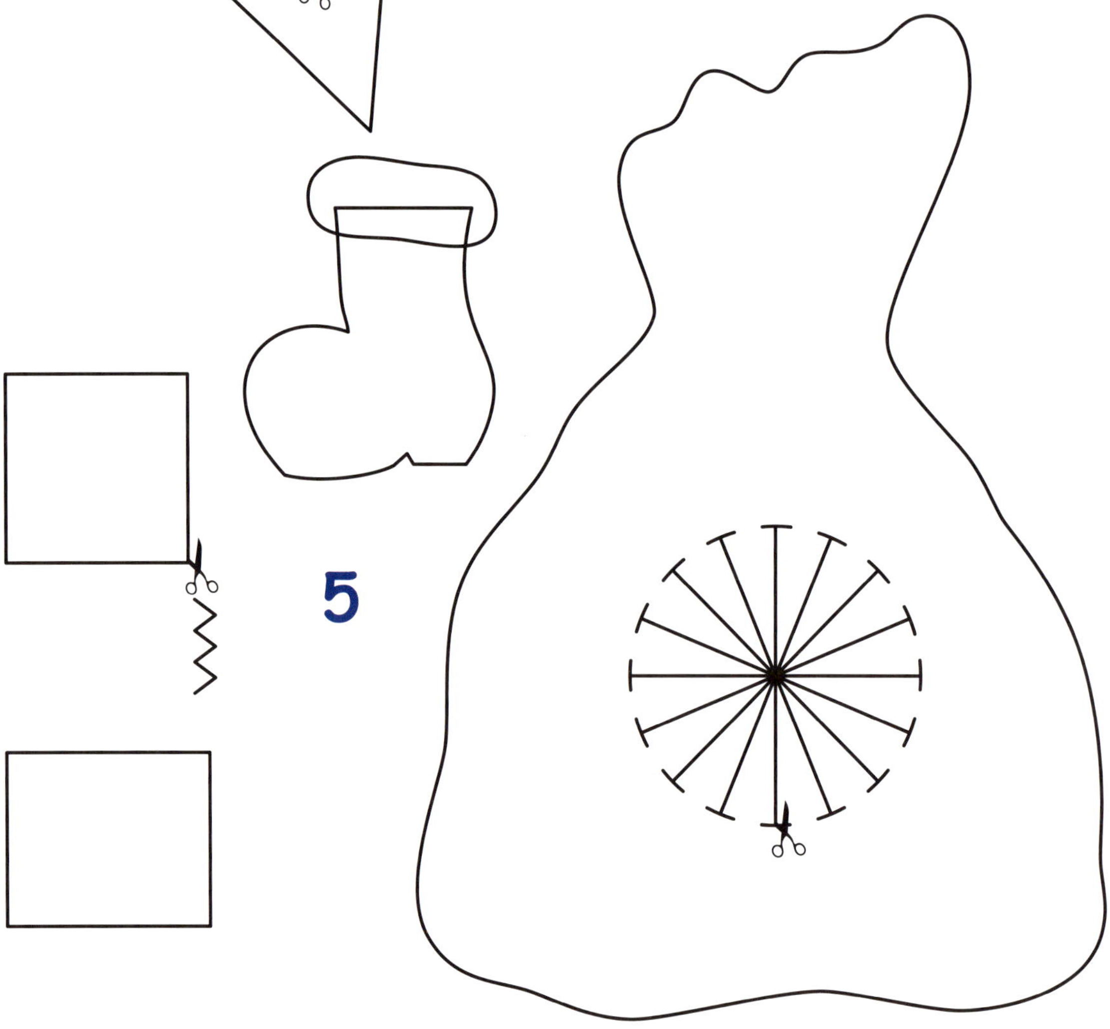

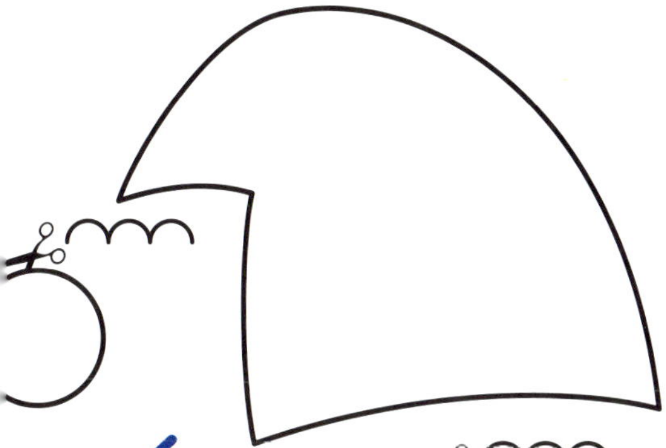

6

7

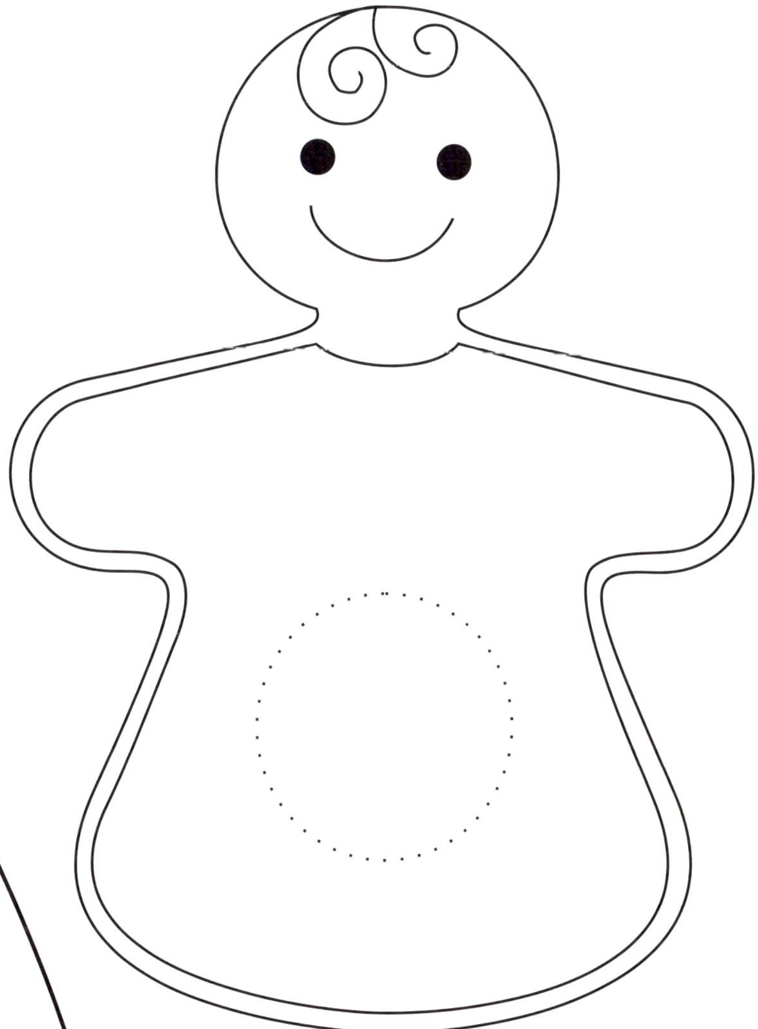

8

9

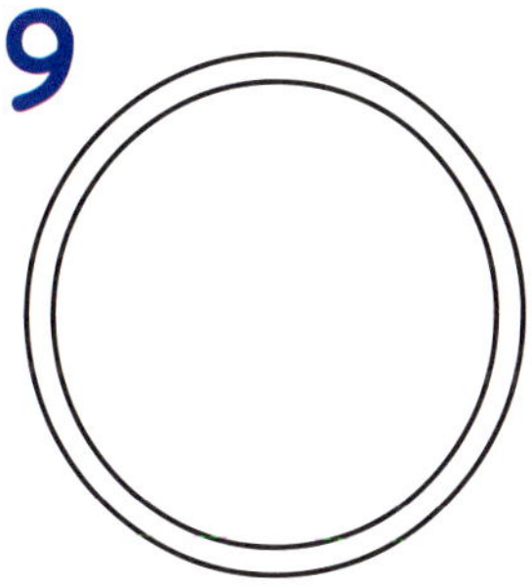

10

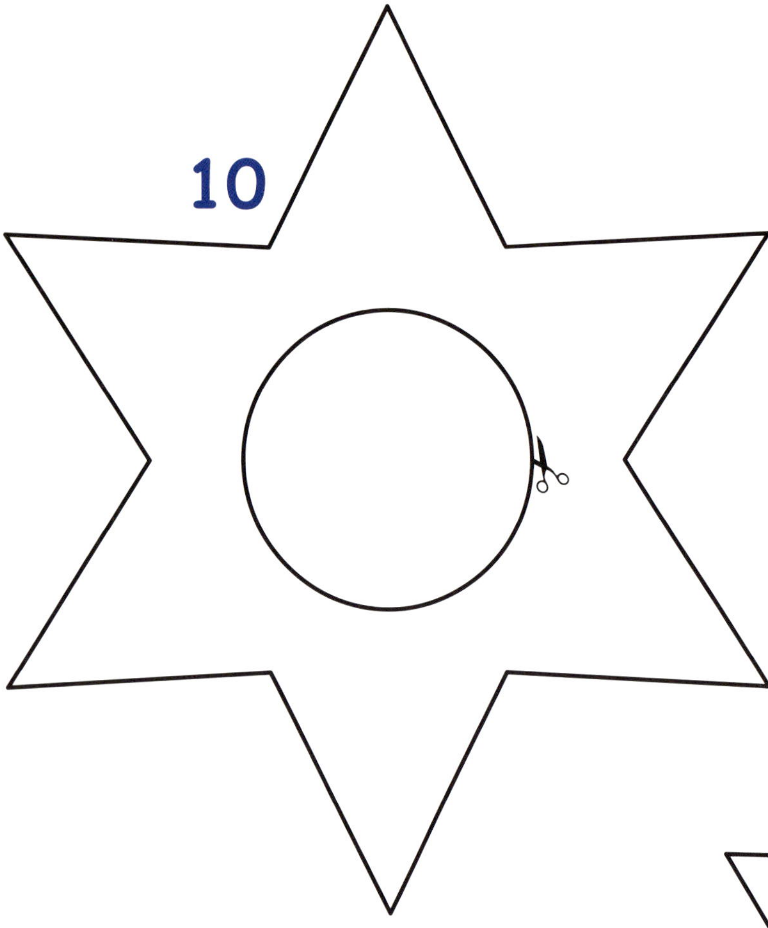

11

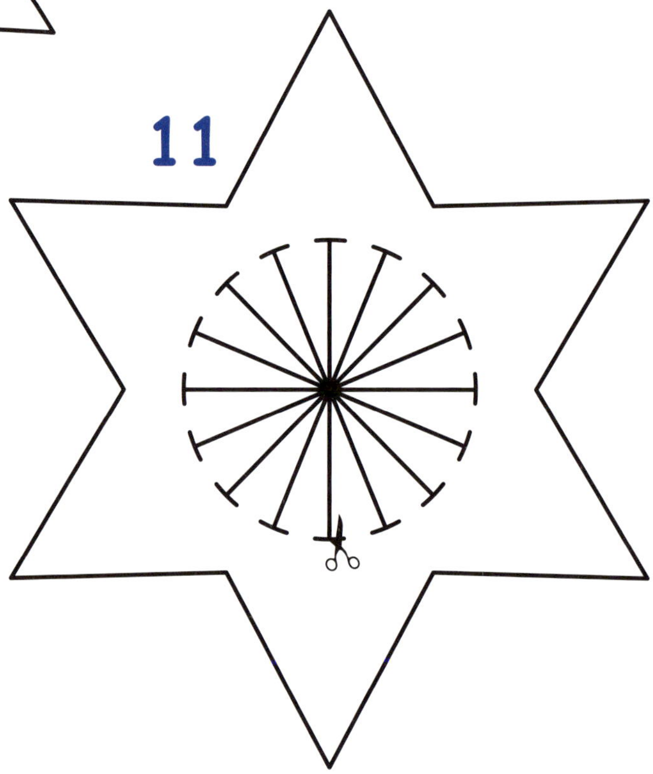

12

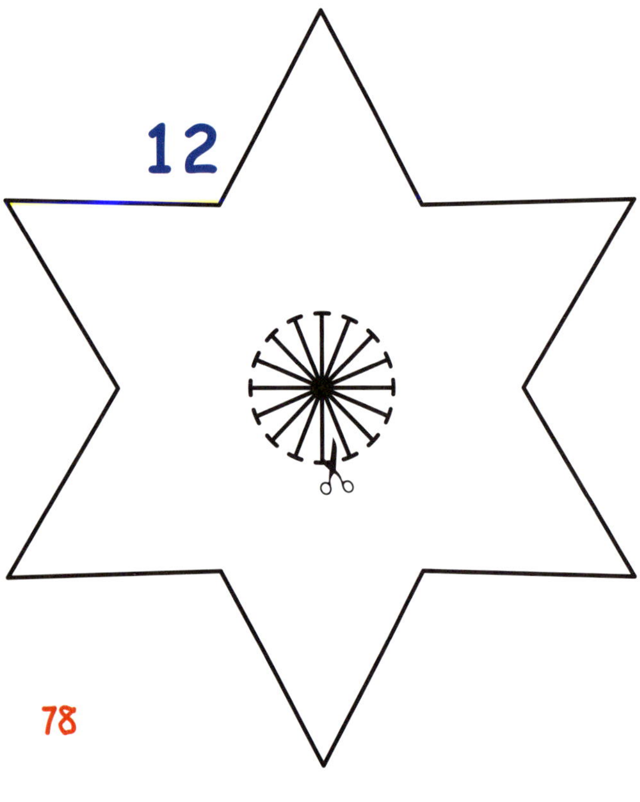

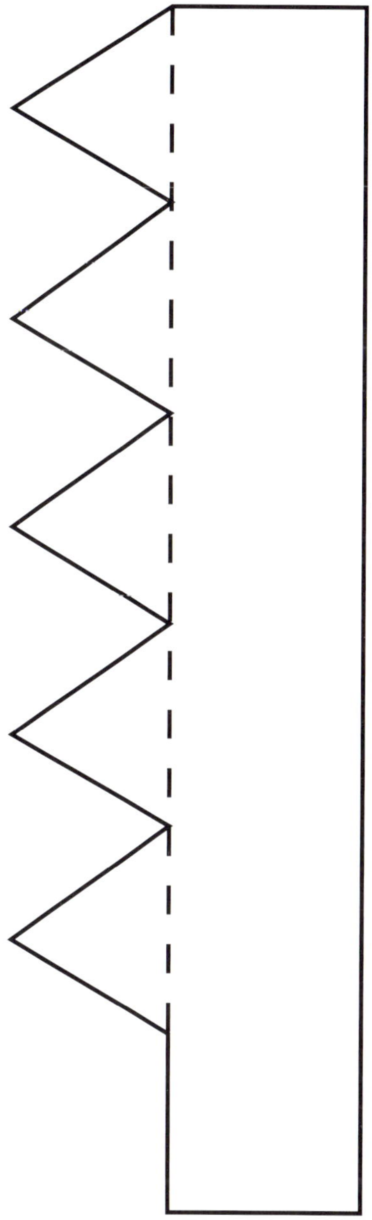

13

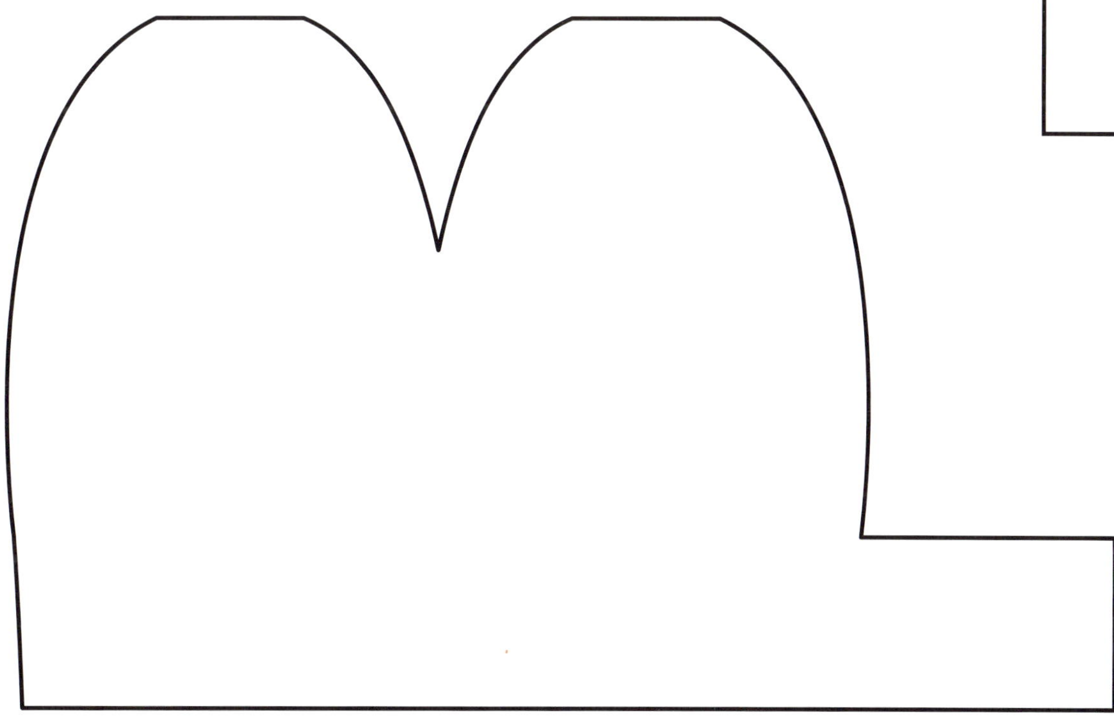

14

15

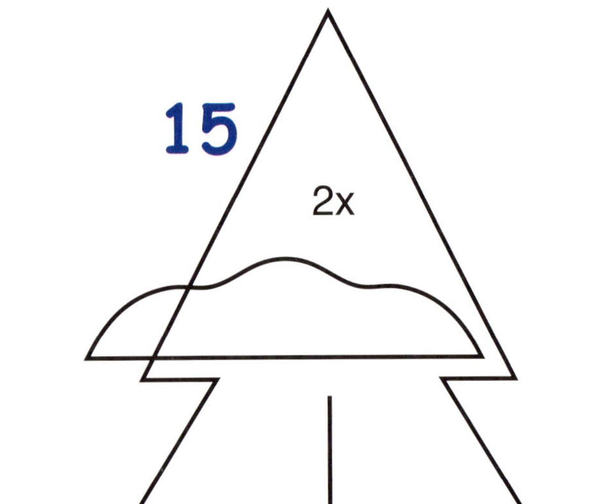

16

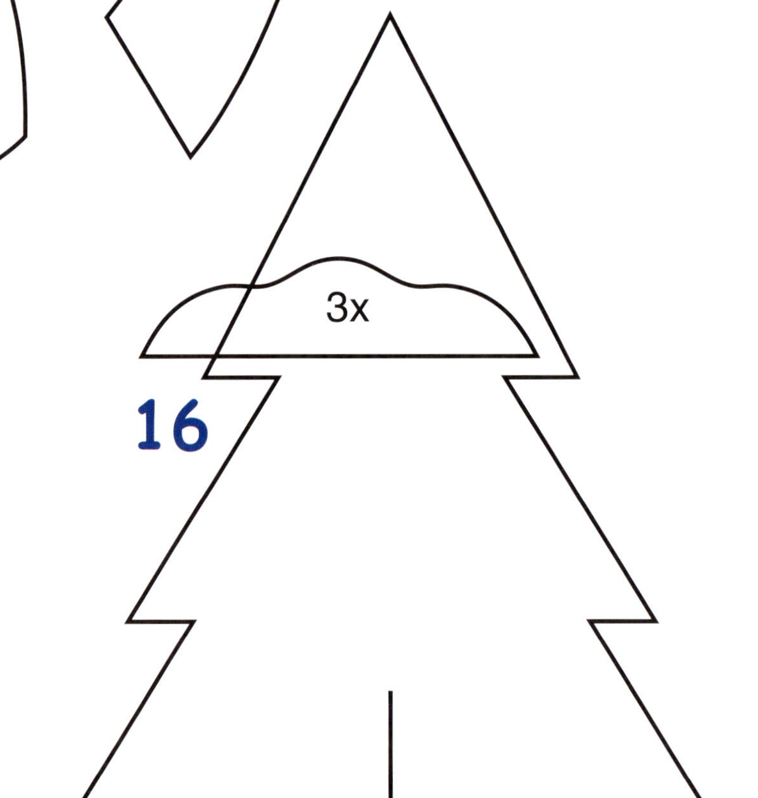

17

19

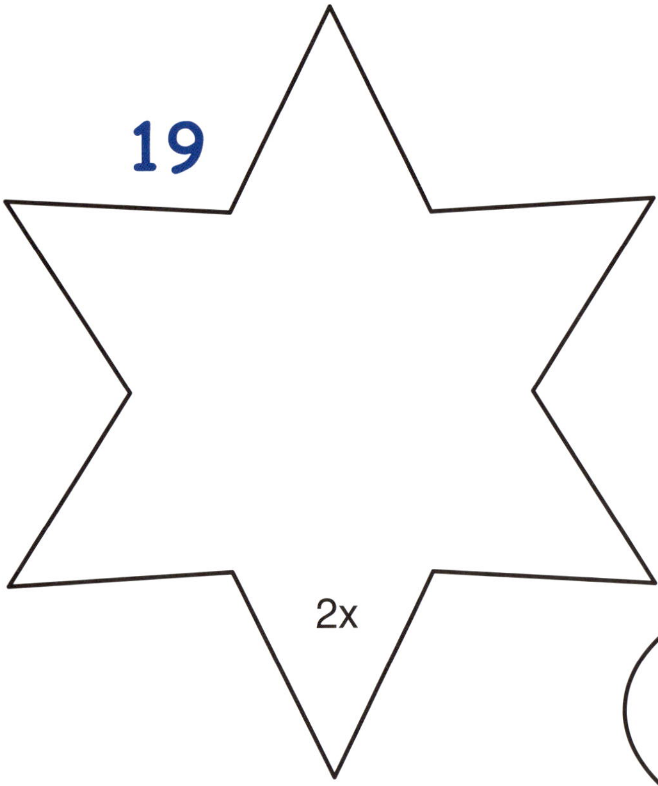

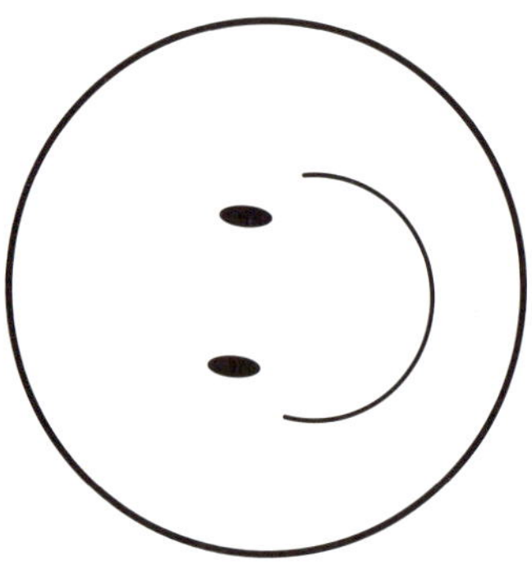

18

20

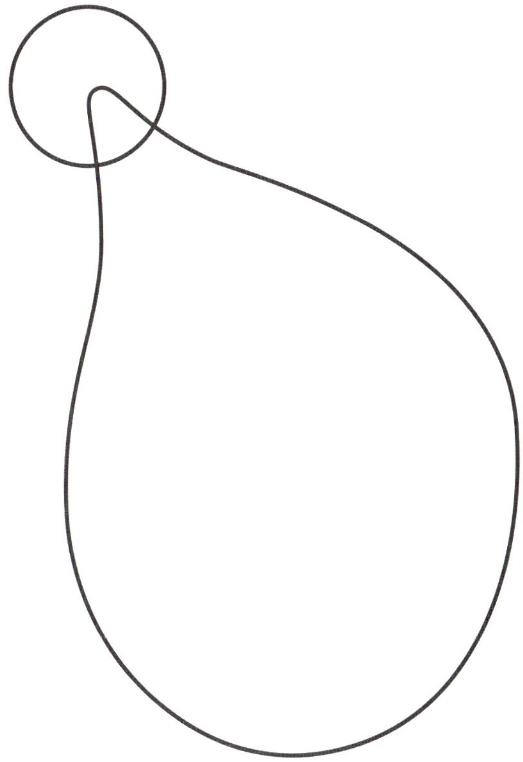

20

21

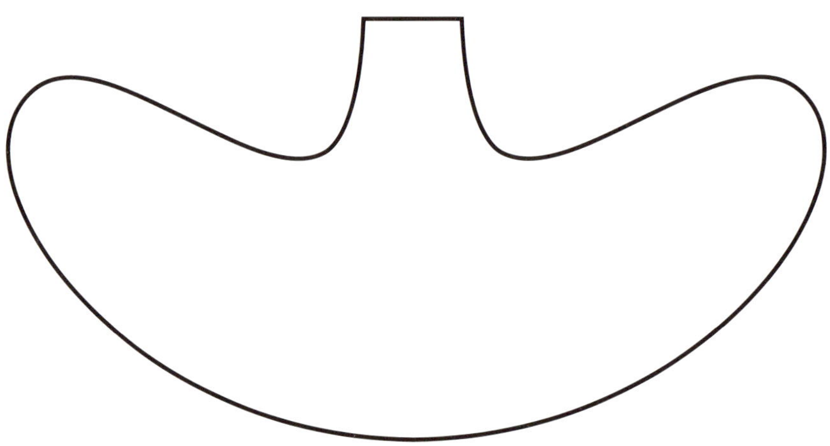

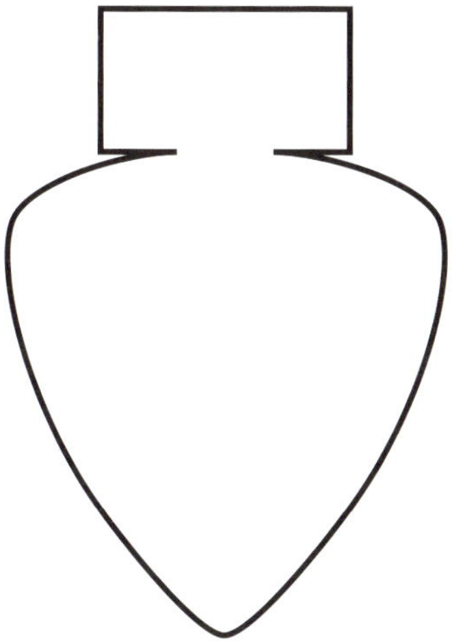

22

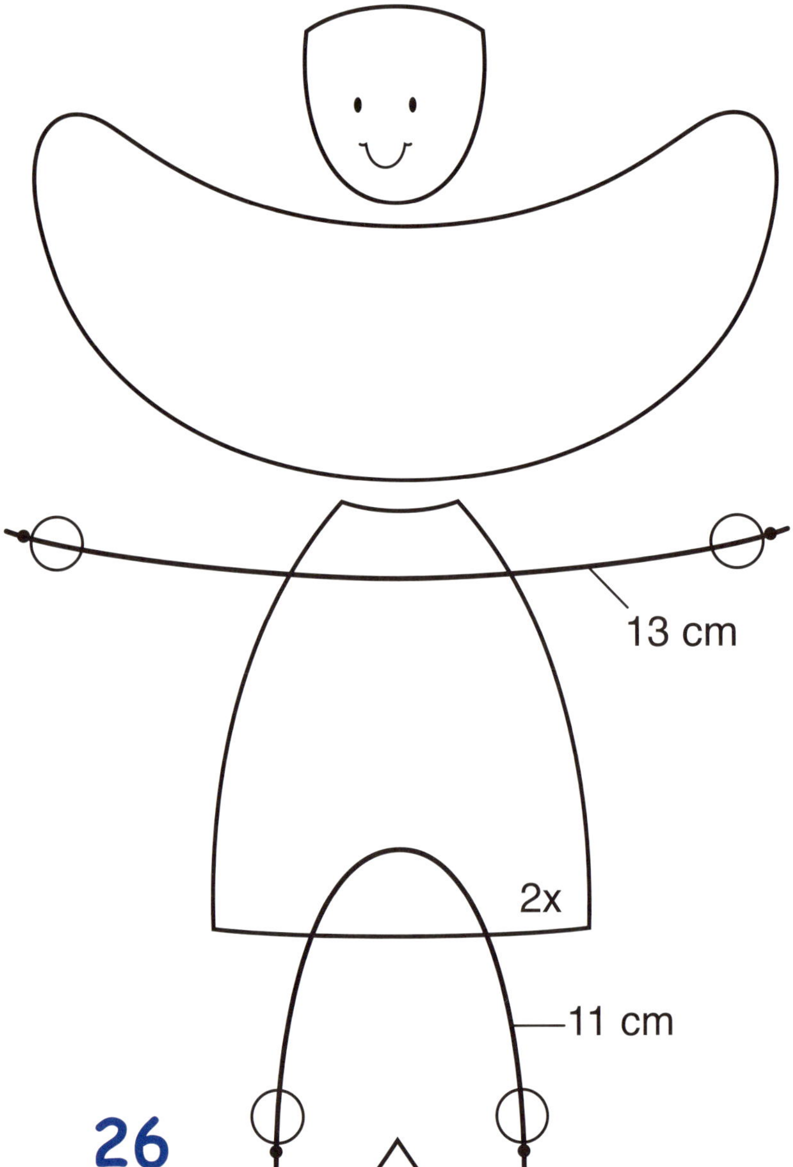

23

24

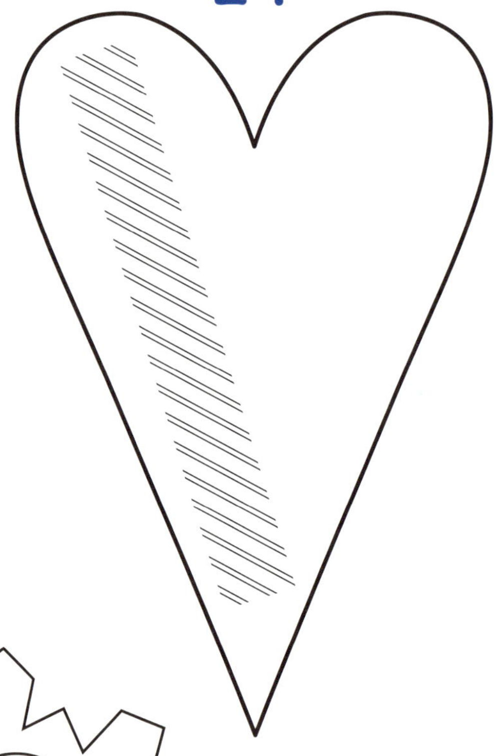

26

25

27

Im letzten Schritt entsprechend den roten Linien falten und die weißen Flächen ausschneiden.

28

Die weißen Flächen mit dem Cutter ausschneiden.
Hier muss ein Erwachsener helfen.

29

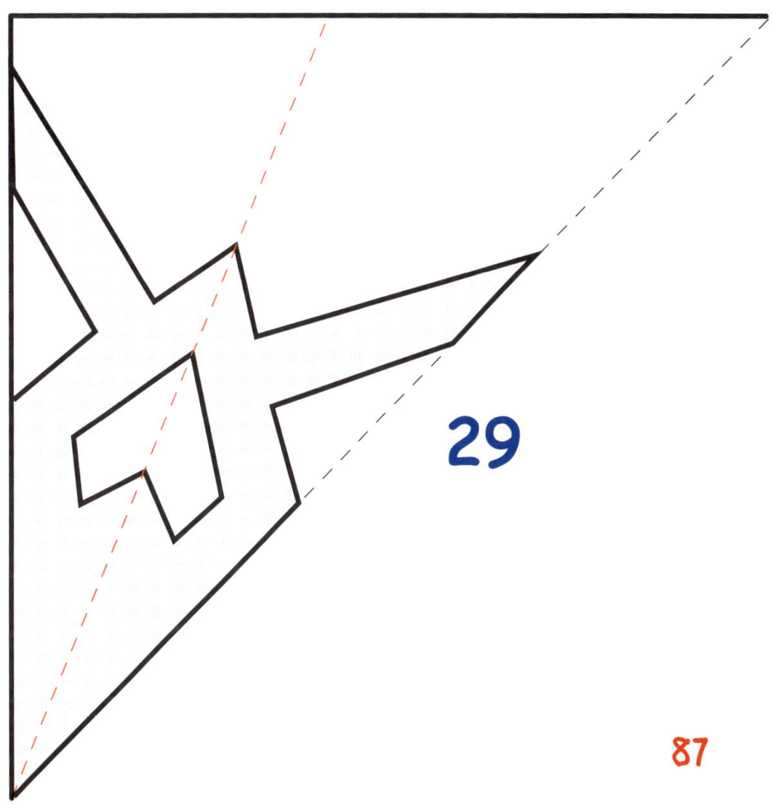

30

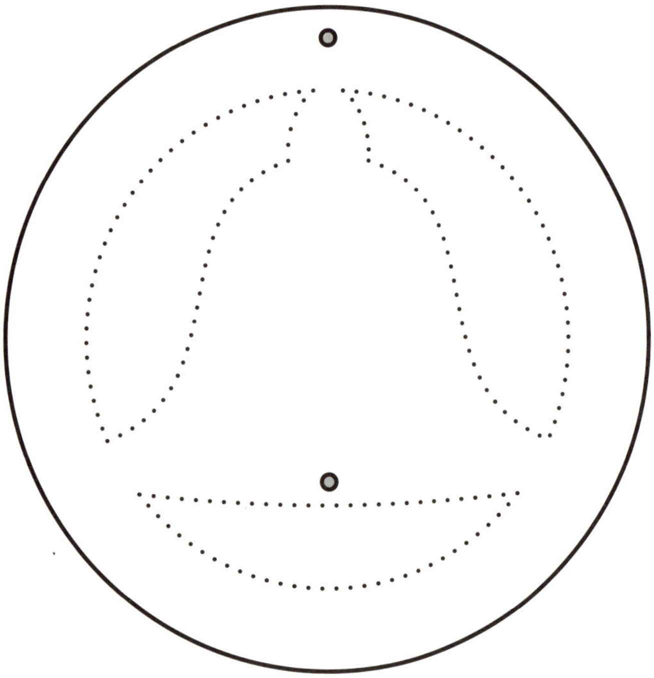

31

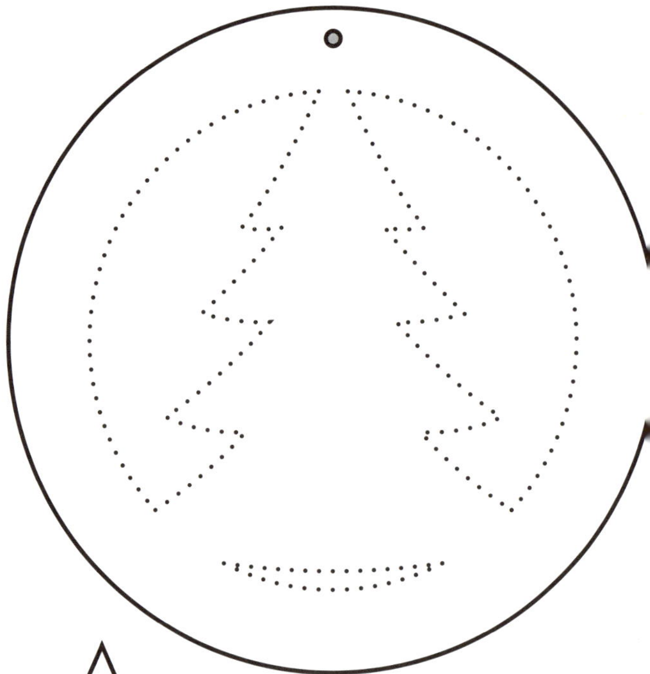

32

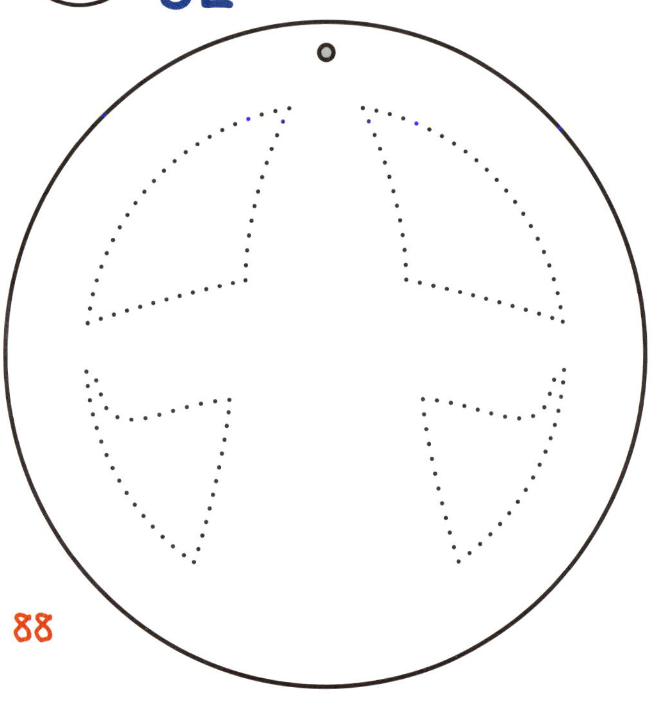

33

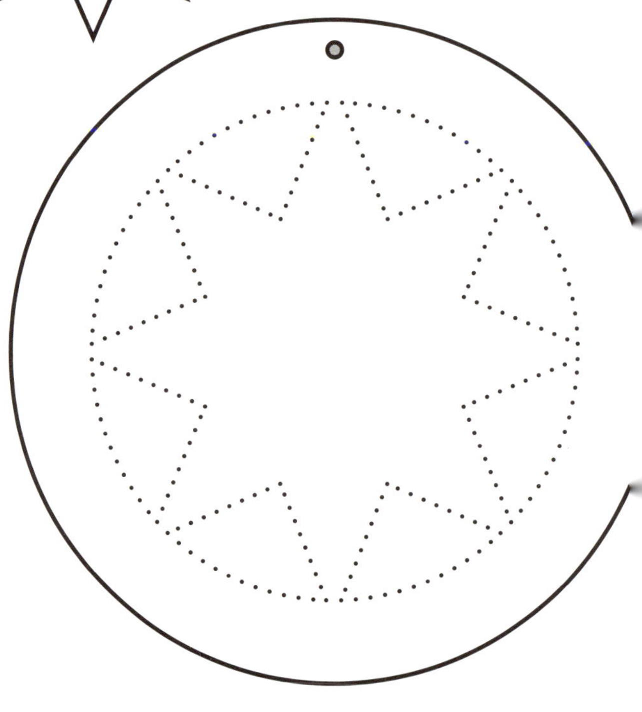

35

34

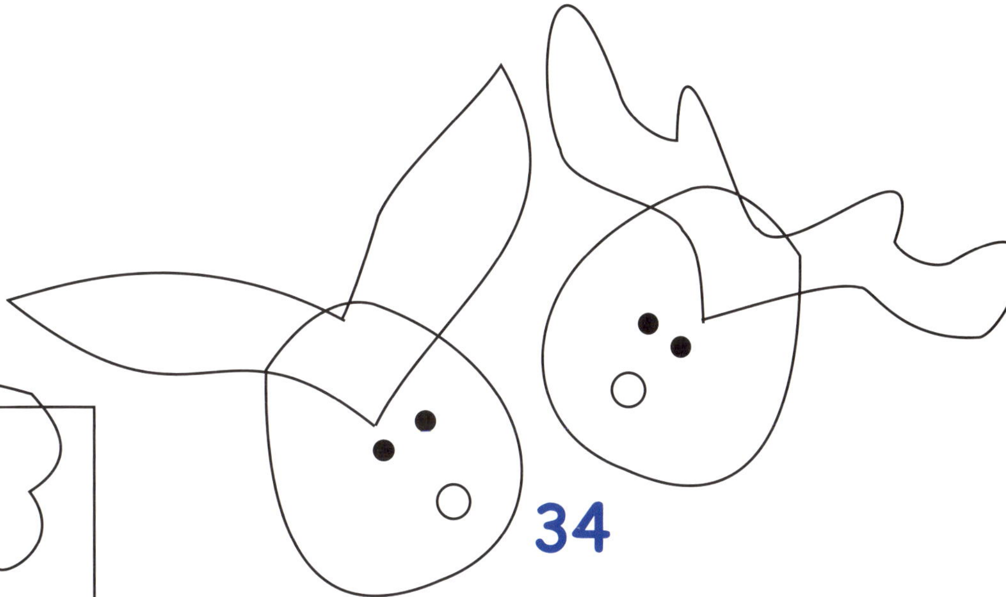

36

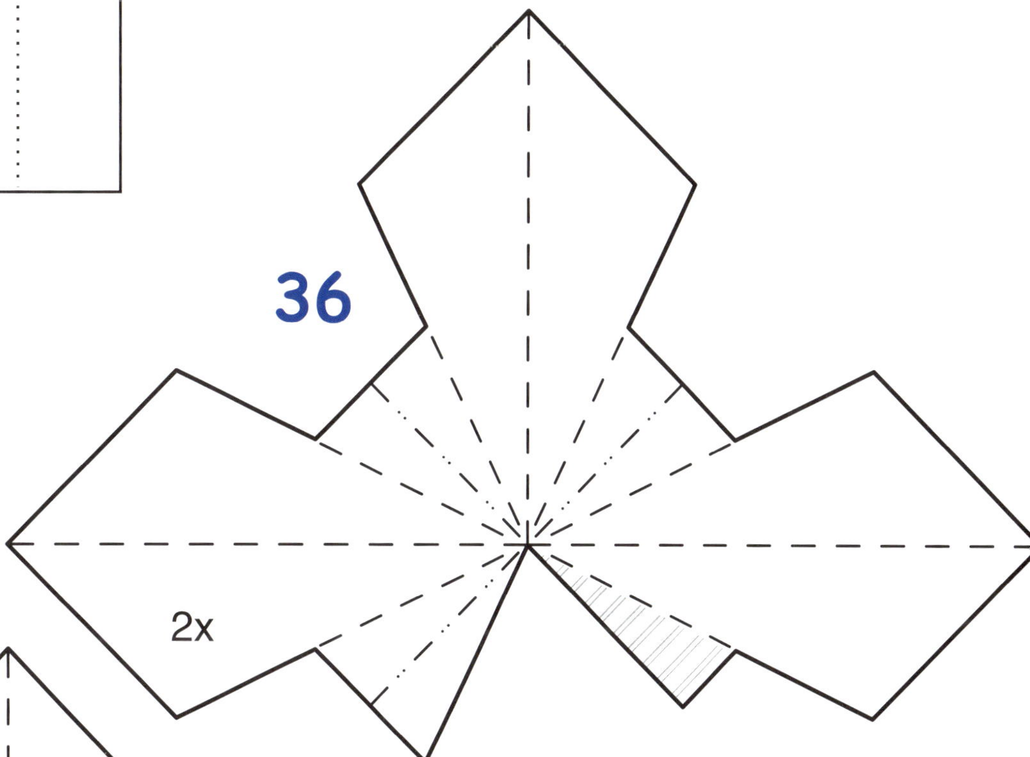

37

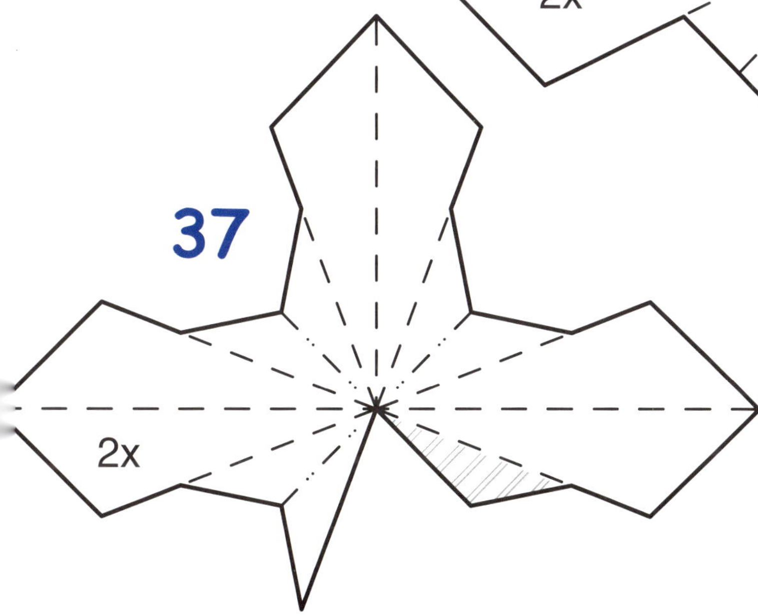

38

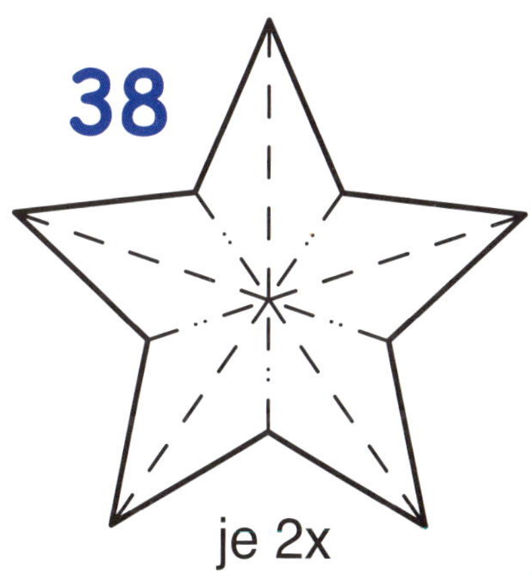

39

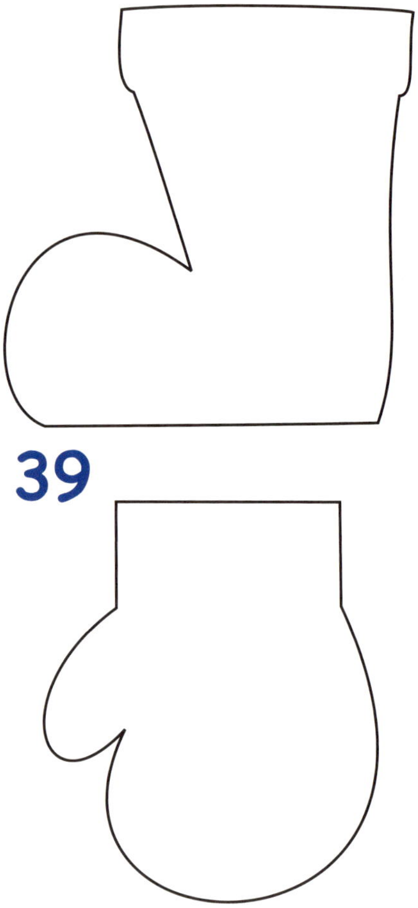

40

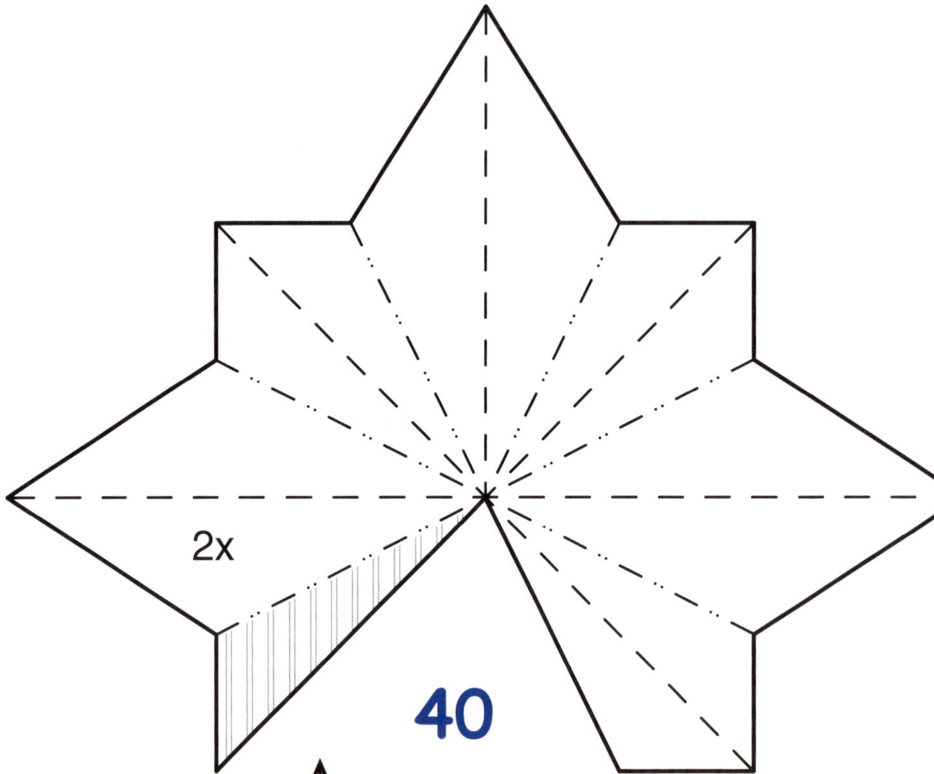

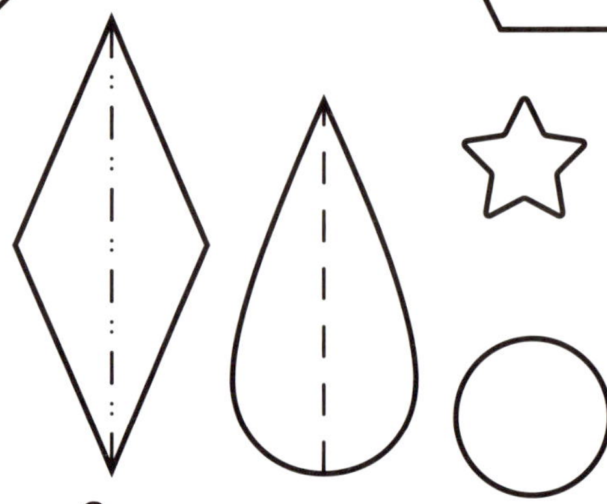

6x 6x

41

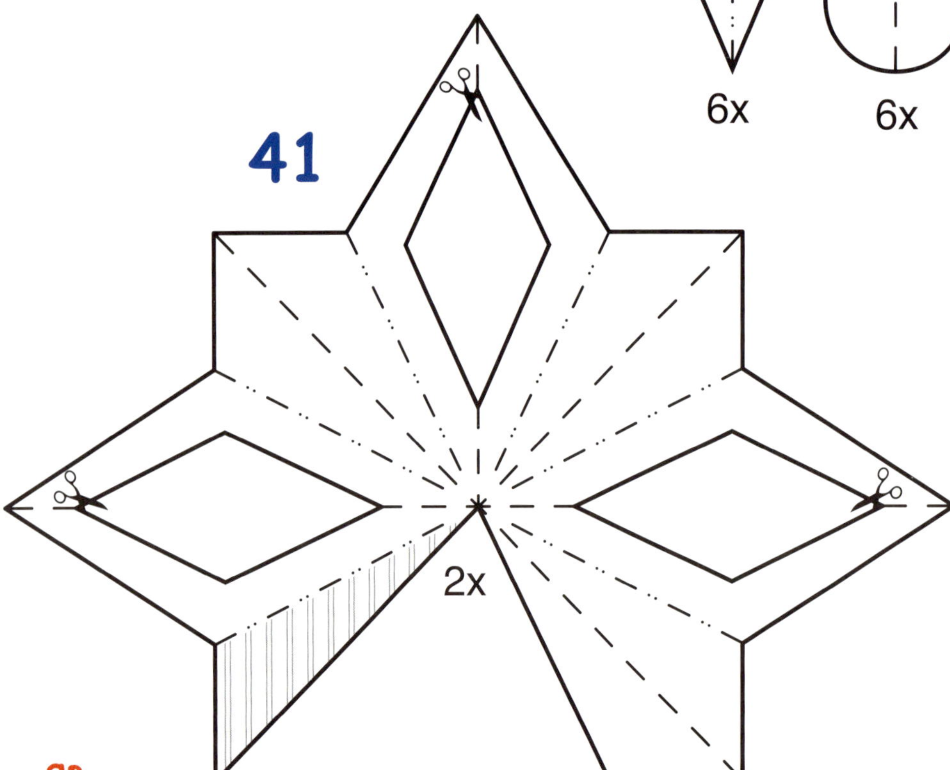

42

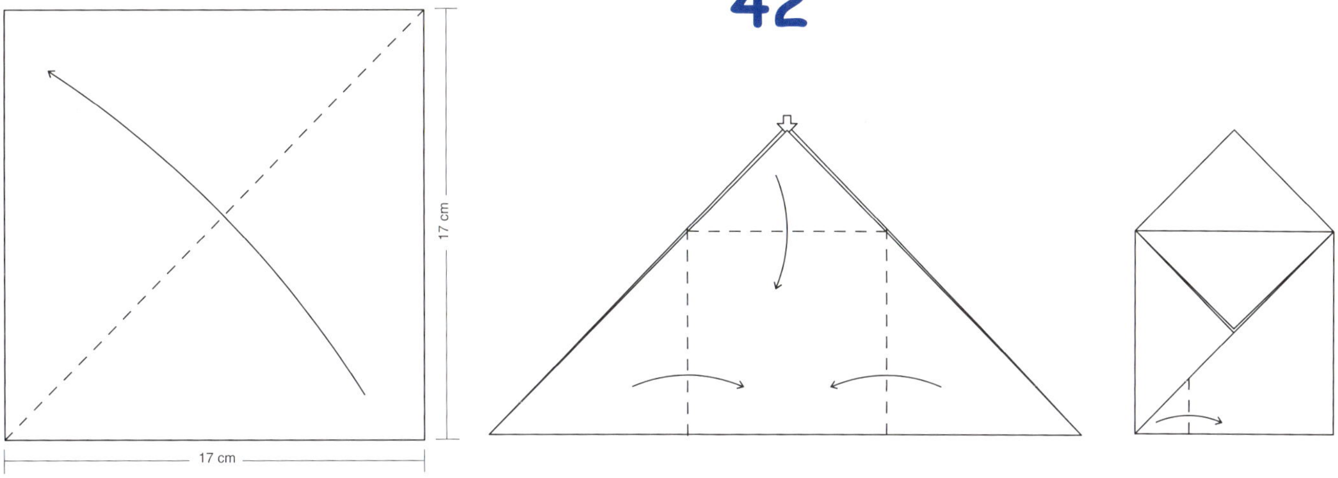

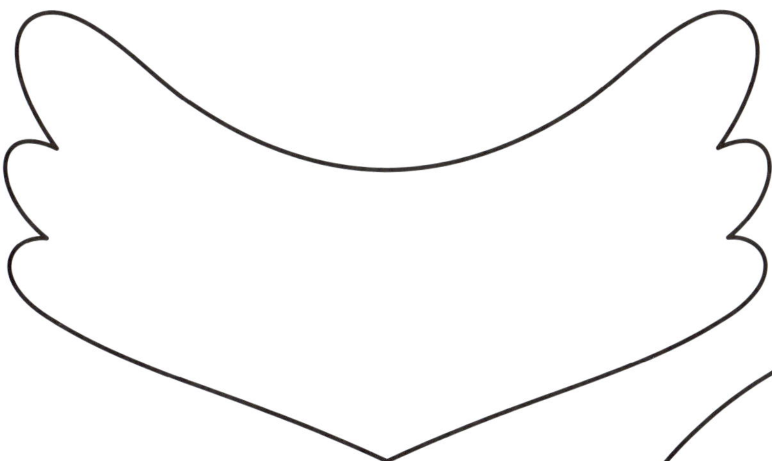

44

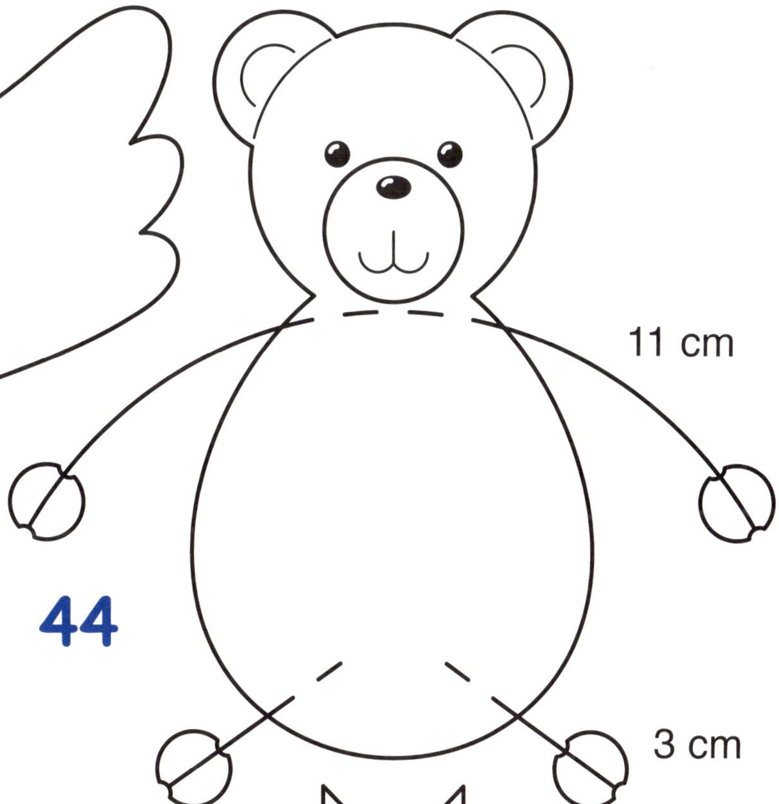

43

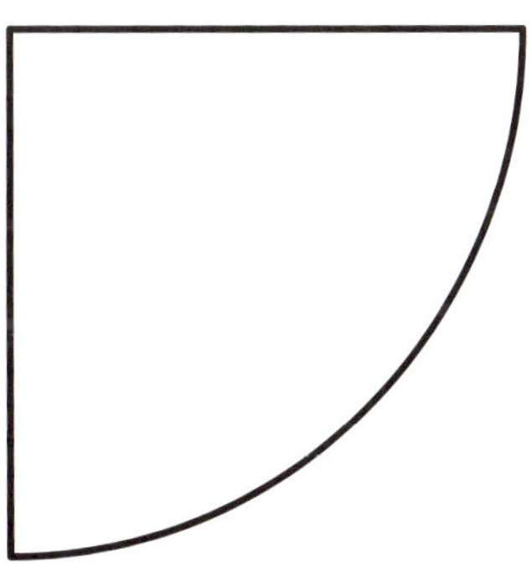

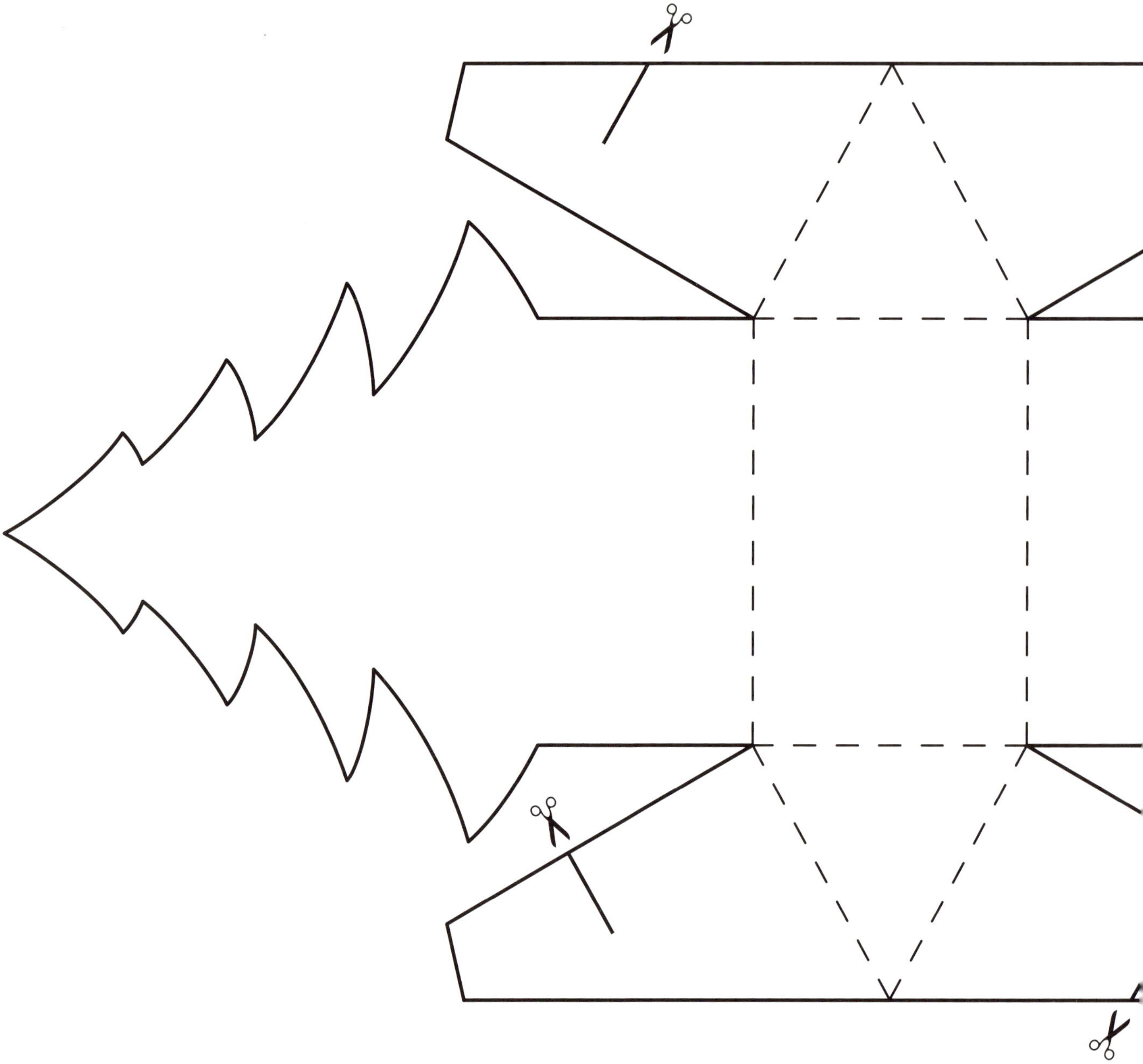

46

47

45

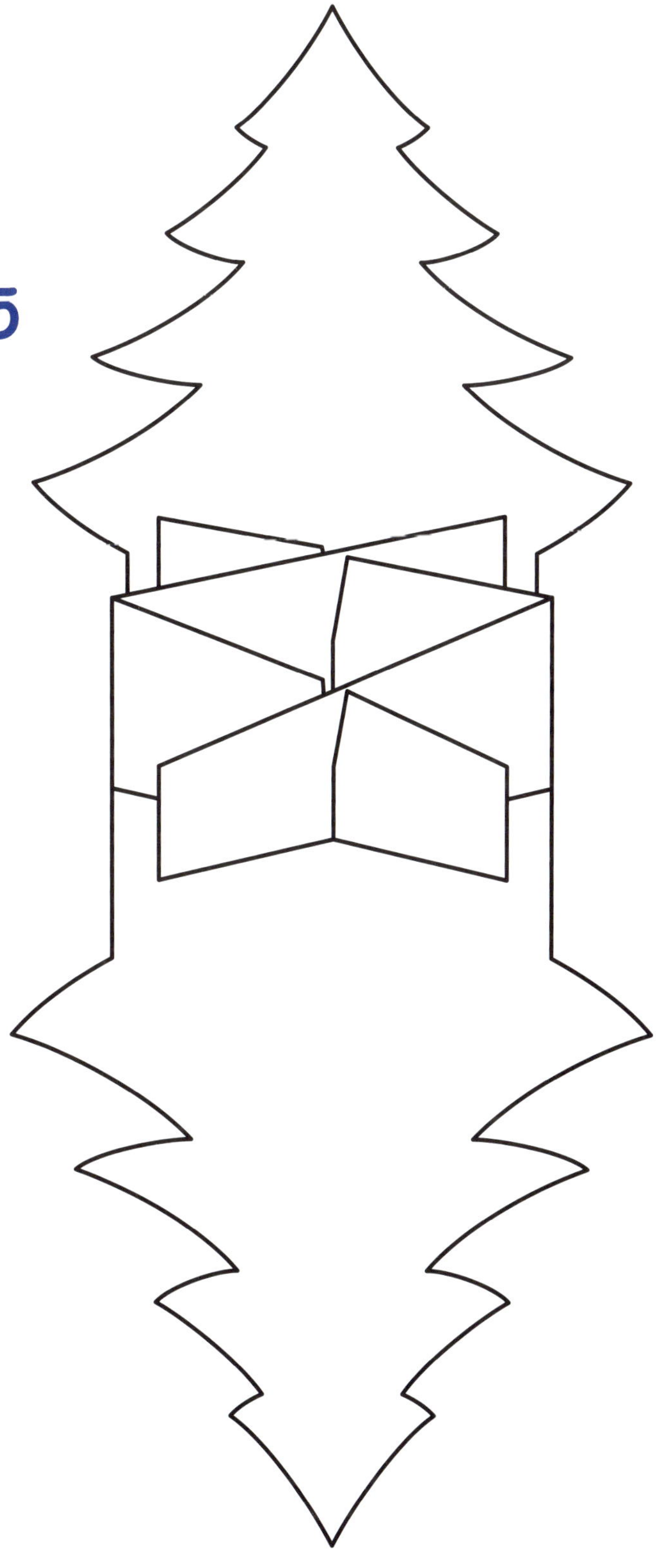

48

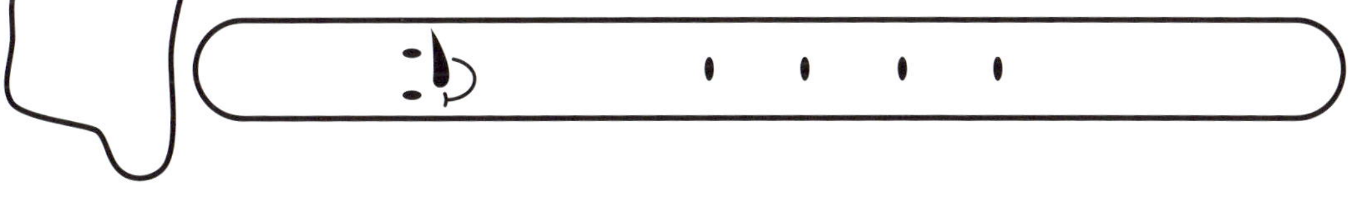

Impressum

Autorinnen:
Erika Bock, Seiten 20/21, 24/25, 32/33, 42/43, 48/49, 52/53, 64 – 73

Ernestine Fittkau, Seiten 12 – 19, 26/27, 30/31, 34 – 41

Kathleen Lützner, Seiten 50/51, 56/57, 60/61

Martha Steinmeyer, Seiten 22/23, 46/47, 54/55, 58/59

Fotos:
Christoph Schmotz, Seiten 21, 25 – 27, 31 – 43, 47 – 61, 65 – 73

Ursula Markus, Seiten 11, 29, 45, 63

Roland Krieg, Seiten 13 – 19, 23

Illustrationen: Jutta Garbert

© 2008 Christophorus Verlag
in der Verlag Kreuz GmbH
Postfach 80 06 69
70506 Stuttgart

Alle Rechte vorbehalten
Printed in Germany
ISBN 978-3-419-53278-2

Redaktion: Irmgard Böhler, Wiesbaden

Layoutentwurf: Network!, München

Produktion & Gestaltung: art und weise, Freiburg

Druck: Himmer, Augsburg

Dieses Buch und alle darin gezeigten Modelle sind urheberrechtlich geschützt. Jede gewerbliche Nutzung der Arbeiten und Entwürfe, ein Nachdruck, auch auszugsweise, sowie die Verbreitung durch Fotokopien, Internet und elektronische Medien, durch Film, Funk und Fernsehen ist untersagt und wird zivil- und strafrechtlich verfolgt. Bei Anwendung im Unterricht und in Kursen ist auf dieses Buch hinzuweisen.